나 혼자 떠나는
성경여행

나 혼자 떠나는
성경여행

읽으면 읽을수록 성경이 읽고 싶어진다!

크리스토퍼 D. 허드슨 지음 | 이선숙 옮김

아가페

추천의 글

—

『나 혼자 떠나는 성경 여행』은 지금까지 나온 성경개론과는 수준과 품격이 다른 탁월한 수작이다. 우선 내용이 지나치게 학문적이어서 지루하거나, 너무 평이해서 흥미가 떨어지지 않도록 구성되어 있다. 최근의 학문적 성과에 근거하면서도 이를 흥미롭게 소개하고 있기에, 성경을 빠른 시간에 이해하는 데 최고의 선물이 될 수 있다. 성경 각 권의 내용을 소개하는 데서 멈추지 않고 망원경적 시각으로 전체 성경의 흐름과 연대기적 시간표를 보여주기도 하고, 현미경적 시각으로 성경의 지리적 배경과 인물을 보여주고 있어서 읽어내는 데 전혀 지루함이 없다. 게다가 단순히 성경의 내용을 요약하지 않고 성경의 절정이요 정점인 예수님을 향해 나아가는 구속사적 맥락을 보여줄 뿐 아니라, 미래의 영원한 나라를 바라보는 기대로 가득 차 있기에 '기독론적이면서도 종말론적인 성경개론'이라 볼 수 있다. 마지막으로 성경을 영적인 양식으로 어떻게 읽을 수 있는지 적용의 관점도 들어 있기에, 성경을 혼자서 읽어낼 수 있도록 돕는 탁월한 안내서라 볼 수 있어 기쁨으로 강력히 추천한다.

_ 김지찬(총신대학교 신학대학원 구약신학 교수)

성경 전체를 이렇게 친절하고 훌륭하게 안내한 책은 본 적이 없다. 이 책은 구약과 신약 전체를 한눈에 볼 수 있도록 도와준다. 성경이 손에 만져지고 느껴지고 보이게 만든다. 저자는 장인의 솜씨로 아주 먹기 좋은 요리를 빚어 식탁 위에 올려놓는다. 전시관을 하나씩 둘러보며 탄성이 나오지 않을 수 없다. 어떻게 성경 전체를 이렇게 연도별 인물별로 일목요연하게 정리할 수 있을까! 수많은 도표와 지도, 그림, 사진은 시청각적 효과를 더욱 드높인다.

이 책을 반드시 서가에 장만할 것을 강력하게 추천한다. 이 책은 비단 성경의 초보자에게만 필요한 것은 아니다. 성경을 사랑하고 연구하며 가르치는 사람에게는 누구나 요긴한 책이다. 우리는 나무를 보다가 숲을 놓치기 쉽다. 그런데 이 책은 전체 숲을 보는 시각을 갖게 해준다. 결코 옅은 정보들이 아니며 매우 요긴하다. 두고두고 참고할 만한 책이다.

_ 김추성(합동신학대학원대학교 신약신학 교수)

"아는 만큼 보인다"는 말이 있다. 알고 읽을 때 성경은 '달고 오묘한 그 말씀'이다. 이런 점에서 보면 성경은 참 어려운 책이다. 이제 막 신앙생활을 시작한 초신자뿐 아니라 믿은 지 오래되는 관록 있는 성도에게도 성경은 여전히 낯설고 생소하다. 이국적인 배경, 신기한 사건, 변덕스러운 인물들의 이야기이기에 먼 나라의 이야기 같기만 하다.

그래서 알아야 한다. 성경의 시대, 문화, 사건, 지리에 대한 배경지식이 있으면 이해하려 하지 않아도 이해되고, 외우지 않아도 머릿속에 남는다. 이 책은 성경의 배경지식을 쌓는 데 매우 유용하다. 내용은 쉬우나 결코 가볍지 않다. 성경을 이해하는 데 도움이 될 만한 기본적인 항목이 다채로운 사진과 도표, 타임라인, 지도 등으로 실려 있어 흥미롭고 재미있다. 책을 좋아하지 않아도 읽어볼 만하다. 이 책을 다 읽고 나면 아마도 성경이 읽고 싶어질 것이다. 그래서 이 책을 추천한다!

_ 이찬수(분당우리교회 담임목사)

CONTENTS

서론
나 혼자 떠나는 하나님 말씀 여행

어찌 보면 성경은 겁나는 책이다. 그 양이 무척이나 방대하기 때문이다. 베스트셀러 소설 『앵무새 죽이기』에 약 99,000단어가 들어있고, 디킨스의 장편 『두 도시 이야기』에는 135,000단어가 들어있다. 그런데 성경에는 대략 80만 단어가 들어있다! 그렇다면 톨스토이의 장편서사 『전쟁과 평화』는 어떨까? 천 페이지가 넘는 분량이지만 약 20만 단어로 여전히 성경보다 적다.

또 성경은 신비한 책일 수 있다. 성경은 어디서 시작하는가? 구약은 무엇이고 신약과 어떻게 다른가? 모든 이국적인 배경과 신기한 사건, 변덕스러운 인물들에 대해 어떻게 생각해야 할까? 이러한 질문에 도움을 주려고 이 책을 만들었다.

성경 이해를 돕기 위해 만든 거대한 박물관에 들어간다고 상상해 보라. 그 거대한 전시장을 돌아다니다 보면 길을 잃을지도 모른다. 쉽게 들고 다닐 수 있는 가이드북이 없다면 말이다. 이 책을 일종의 자원(resource)이라 생각하라. 성경의 어떤 특별한 면모에 대해 각 장이 분명하고 구체적으로 안내한다.

이런 식으로 안내받을 때 좋은 점은 무엇일까? 당신의 속도에 맞춰 '박물관'을 둘러보게 된다. 제시된 순서(1에서 9까지)대로 따라갈 수도 있지만, 반드시 그렇게 하지 않아도 된다. 어느 성경 '전시관'을 먼저 둘러보고 어디를 나중에 볼지 결정할 수 있다. 당신의 선택이다. 성경의 어느 부분이 가장 궁금한가?

이 책의 각 장은 성경에 대한 일종의 박물관 안내서로서, 아홉 개의 중요한 다른 전시관을 개관하는 역할을 한다. 세계적 수준의 박물관에 가보았다면 하루에 전부 볼 수 없다(진가를 알아보기는 더더욱 어렵다)는 것을 알 것이다. 마찬가지로 성경도 단시간에 모든 것을 배울 수는 없다.

그래도 괜찮다. 평생에 걸쳐 반복하면서 하나님 말씀에 대한 이해를 키우고, 성경 저자이신 하나님을 알아가면 된다. 아마도 늘 새로운 것을 발견할 것이다.

다음은 여행에 필요한 몇 가지 조언이다.

● **시간과 관심도를 결정하라.** 성경을 처음 보거나 잘 모르는 경우 또는 시간에 쫓기는 경우라면 성경의 핵심 이야기를 좀 더 간단하게 알고 싶을 것이다. 그렇다면 1, 3, 6전시관에 가면 된다. 성경의 신뢰성에 의혹이 있는 경우라면 먼저 1, 7전시관을 방문하는 것이 좋다.

- **본인의 속도에 맞추라.** 이 책을 읽는 데 옳거나 틀린 방법은 없다. 그리고 빨리 끝낸다고 상을 받는 것도 아니다. 시간을 내라.

- **성경을 늘 가까이 펼쳐 놓으라.** 이 책은 성경과 함께 읽도록 구성되었다. 이 책에서 말하는 모든 참고구절을 성경에서 찾아보라. 더 잘 이해될 것이다.

- **이 책에 기록하라.** 관찰한 내용과 질문을 적어 놓으라. 성경은 값을 매길 수 없는 그림과 같다. 성경을 볼 때마다 새로운 통찰력을 보고 경험할 것이다. 이런 것을 적어놓으면, 나중에 다시 볼 수 있다.

- **자산목록을 점검하라.** 이 책은 많은 영역을 다루지만 서론에 불과하다. 더 깊이 알고 싶은

가? 더 공부하는 데 도움이 될 만한 번역된 책을 소개하겠다.

● **배운 것을 다른 사람과 나누라.** 배운 것을 다른 사람과 나눌 때 계속해서 배울 수 있다. 가족이나 친구를 찾아서 함께 읽고 기록한 내용을 비교해 보라. 아니면 가장 재미있게 배운 것을 배우자나 자녀와 나누라. 그들에게 당신이 배운 것을 전할 수 있고, 그런 과정을 통해 그 지식을 더 오래 기억할 수 있다.

여행을 시작하기 전에 이 책의 기본 전제를 아는 것이 중요하다. 성경은 전능자의 신뢰할 수 있는 말씀임을 믿는 믿음에서 이 책은 쓰였다. 하나님은 자신과 우리와 인생의 의미에 대한 진리를 드러내기 원하셨다. 그래서 그렇게 하셨다. 즉, 사람을 통해 사람들에게 말씀하셨다. 그 결과가 성경이다.

우리는 성경구절을 가장 정확하게 이해하는 길은 가장 단순하게 이해하는 것이라고 믿는다. 그래서 계속해서 이렇게 질문한다. "하나님, 이 구절 혹은 그 구절을 통해 무엇을 말씀하시는 겁니까?" 우리가 이미 가지고 있는 생각(혹은 편견)을 정당화하는 데 성경을 사용하기보다는, 겸손히 기도하면서 하나님의 음성을 들으려고 노력해야 한다. 이 책은 당신이 스스로 그렇게 하는 법을 배우도록 돕는 배경자료와 실질적인 조언을 제공한다.

모쪼록 이 안내책자를 통해, 성경 안에 있는 보물상자의 진가를 더 깊이 알고 더 잘 이해할 수 있기를 기도한다. 또 무엇보다 하나님을 더욱 풍성히 알아가게 되기를 바란다. 이 여행에 동행해 주어 감사하다. 하나님의 말씀을 읽고 묵상하고 적용할 때 하나님이 복 주실 것이다.

_크리스토퍼 허드슨과 허드슨 바이블 팀

"오늘 내가 네게 명하는 이 말씀을 너는 마음에 새기고"

_ 신 6:6

SELF-GUIDED TOUR OF THE BIBLE

Chapter 1

뛰어들기
빠르게 성경 훑어보기

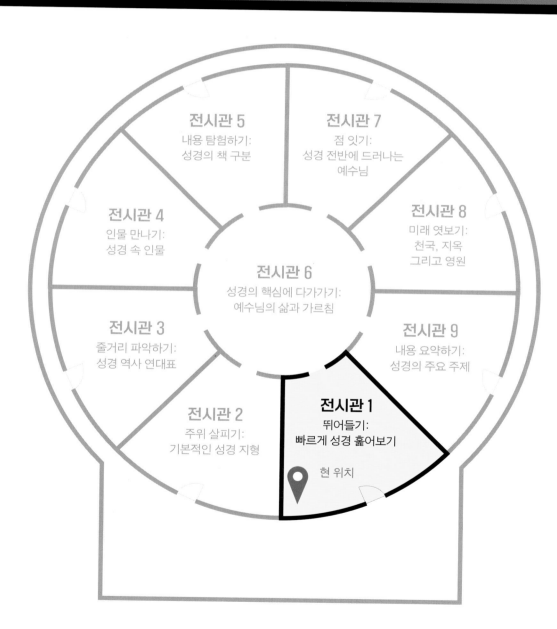

전시관 5
내용 탐험하기:
성경의 책 구분

전시관 7
점 잇기:
성경 전반에 드러나는
예수님

전시관 4
인물 만나기:
성경 속 인물

전시관 8
미래 엿보기:
천국, 지옥
그리고 영원

전시관 6
성경의 핵심에 다가가기:
예수님의 삶과 가르침

전시관 3
줄거리 파악하기:
성경 역사 연대표

전시관 9
내용 요약하기:
성경의 주요 주제

전시관 2
주위 살피기:
기본적인 성경 지형

전시관 1
뛰어들기:
빠르게 성경 훑어보기

현 위치

베스트셀러인 성경은 세계사에서 존경받기도 하고 비난받기도 하며 사랑받기도 하고 불에 태워지기도 했다. 성경을 하나님의 말씀으로 여기는 사람은 성경으로 맹세하고, 성경을 인간이 만든 위험한 문서로 여기는 사람은 성경을 욕하기도 한다.

여행을 앞두고, 우리가 성경이라고 부르는 책은 그저 단순한 책이 아니라는 대담한 주장으로 시작해 보자. 기독교인의 시각으로, 성경은 실제로 하나님의 말씀이다.

- 그 주장은 사실인가?
- 성경 자체가 사실인가?
- 성경을 정말로 믿을 수 있는가?
- 성경이 정말로 우리를 변화시키는가?

이번 장은 다섯 가지 가장 기본적인, 그러나 가장 중요한 질문에 답하는 데 도움을 주고자 썼다.

1. 성경이 쓰일 때 하나님은 어떤 역할을 하셨나?
2. 성경을 쓴 인간 저자들은 누구인가?
3. 성경은 어떻게 우리에게 전해졌나?
4. 성경이 의미하는 바를 어떻게 알 수 있나?
5. 성경의 각 부분이 왜 그렇게 다른가?

성경이 쓰일 때 하나님은 어떤 역할을 하셨나

고전문학 작품 『앵무새 죽이기』와 『두 도시 이야기』를 두고 영감을 주는 작품이라고 많은 이들이 말한다. 그러나 성경은 성경이 영감을 받았다고 주장한다.

"모든 성경은 하나님의 감동으로 된 것으로 교훈과 책망과 바르게 함과 의로 교육하기에 유익하

디모데후서 3장 16절은 '하나님이 호흡을 불어넣어'(God-breathed), 즉 영감을 받아 성경이 기록되었다고 말한다. 성경이 스스로 하나님 안에서 그 기원을 찾는다는 의미다. 하나님이 직접 책상에 앉아 잉크로 양피지에 글자를 썼다는 의미는 분명 아니다. 성경이 영감을 받아 기록되었다는 것은, 신비스럽고 측량하기 힘든 방식으로 하나님이 인간 저자들을 감독하셨다는 의미다. 하나님은 인간 저자들의 독특한 개성과 문체와 어휘를 그대로 사용하셔서 세상에 전달하고 싶은 것을 그들로 하여금 기록하게 하셨다.

영감(inspiration)은 대담한 주장이다. 완전하신 하나님이 자신의 본성과 의지를 드러내기 위해 불완전한 인간과 함께 일하신다는 것은 입이 떡 벌어지게 만든다. 그러나 기독교인은 하나님이 그렇게 하셨다고 믿는다. 성경이 영감을 받아 기록되었다고 말하는 것은 바로 그런 의미다. 성경은 그저 단순한 책이 아니다.

때때로 성경 저자들은 하나님이 주신 환상을 보며 경험한 것을 기록했다. 에스겔 37장이나 요한계시록 대부분이 그렇다. 다른 곳에서는 "여호와께서 말씀하시되"라는 표현이 나오는데, 말 그대로 하나님이 하신 말씀을 그대로 기록한 것이다(예를 들면, 사 18:4; 레 6:16). 이러한 예는 그대로 받아 적는 필경사와 비슷하다. 그러나 성경 전체에서 보이는 다양한 필체(문체, writing style)를 보면 하나님은 대필가들에게 그냥 따라 쓰게 하신 것이 아님을 알 수 있다. 하나님은 인간 저자들에게 말씀하셨고, 또 그들을 통해 말씀하셨다.

베드로는 그리스도의 제자이고 초대교회 지도자였다. 베드로도 성경을 기록하는 데 있어 하나님과 협력한 사람 중 하나다. 베드로는 신약성경 베드로전서와 베드로후서를 기록했다.

성경의 동의어

사람들은 여러 방식으로 성경을 언급한다.

- 성서(Scripture)
- 하나님 말씀(God's Word)
- 성경(The Holy Bible)
- 하나님의 계시(God's Revelation)
- 성서(Holy Writ)
- 하나님의 말씀(The Word of God)
- 말씀(The Word)
- 성서(The Good Book)
- 신구약(The Old and New)
- 진리의 말씀(Biblical Truth)

베드로는 이 과정을 이렇게 설명했다.

> "예언은 언제든지 사람의 뜻으로 낸 것이 아니요
> 오직 성령의 감동하심을 받은 사람들이 하나님께
> 받아 말한 것임이라" _ 벧후 1:21

"감동하심을 받은"(carried along)에 해당하는 동사는, 당시 고대 사회에서 배가 강한 바람에 이끌린다고 표현할 때 사용하던 단어였다(행 27:15, 17 참고). 이런 상황에서는 제아무리 숙련된 사공이라도 배의 진로를 마음대로 조정할 수 없다. 사공은 그 상황을 적극적으로 받아들여 행동한다. 결국 배의 방향을 결정짓는 것은 바람이다.

성경 기록도 이와 같다. 하나님과 사람이 성경을 기록하는 일에 동참하지만, 하나님이 궁극적인 저자다. 하나님이 성경 기록을 지휘하셨다. 성경 내용은 하나님이 채우셨다. 문체가 모두 다른 것은 인간 저자들 때문이다. 두 가지는 분명하다.

1. 사람들이 성경을 기록하는 데 있어 중요한 역할을 했다.
2. 마지막에는 궁극적으로 하나님이 완성하신다. 이런 이유로 성경을 하나님 말씀이라고 부른다.

신구약 성경, 무엇이 다른가

구약	신약
39권	27권
약 BC 1450-420년 어간에 기록되었다.	약 AD 44-96년 어간에 기록되었다.
인간에게는 구원이 필요하다.	구원을 베푸시는 하나님의 섭리
그리스도를 위한 길 준비하기	그리스도의 길 제시하기
구원자가 약속되고 암시된다.	구원자가 오고, 미움을 받고, 죽임을 당하고, 부활하고, 승천하고, 선포된다.
율법을 강조	은혜를 강조
일시적인 죄 용서를 위해 동물 희생제사가 반복된다.	모든 사람을 위해, 단번에 영원히 죄를 용서하기 위해 그리스도가 희생된다.
이스라엘 열두 지파가 두드러진다.	그리스도의 열두 제가가 두드러진다.
하나님은 이스라엘을 통해 자기의 영광을 드러내기 원하신다.	하나님은 교회를 통해 자기의 영광을 드러내기 원하신다.
하나님의 창조와 함께 에덴동산에서 시작하지만 죄로 인해 동산이 파괴된다.	그리스도의 희생으로 죄가 완전히 사라진 새 하늘과 새 땅을 하나님이 창조하심으로 끝이 난다.

하나님이 성경에 있는 말에 영감을 주셨음을 받아들이면, 성경이 바로 하나님의 말씀을 담고 있음을 인정하게 된다. 이렇게 말할 때 또 기억해야 할 것이 있다. 바로 하나님의 변하지 않는 본성이다. 모세와 다윗 모두 이에 대해 말한다(민 23:19; 시 55:19). 함축하는 바가 큰데, 수천 년 전에 주신 하나님의 말씀이 지금도 여전히 우리가 의지할 수 있고 의지해야 하는 말씀임을 함축한다. 하나님은 변하지 않는 분이기에, 그분의 말씀과 그 의미는 변하지 않는다. 성경에서 하나님이 말씀하신 것은 현실을 이해하고 믿음을 키우고 결정을 내리는 데 있어 믿을 만한 원천이다. 사도 바울은 모든 성경이 교훈과 책망과 바르게 함에 유익하다는 점을 상기시키면서(딤후 3:16), 성경이 오늘날에도 갖는 타당성을 확인해 준다.

그리고 덤으로 얻는 것이 있다. 성경은 하나님의 말씀이기에, 성경을 가까이하는 것은 하나님과 관계를 맺는 기회가 된다. 성경과 하나님에 대한 우리의 지식은 늘 불완전할 수밖에 없지만(하나님을 직접 만날 때까지는), 성경을 공부하면 할수록 하나님을 더 알 수 있다.

성경을 쓴 인간 저자들은 누구인가

성경 저자는 약 30-40명 가량 된다. 이들은 출신 배경도 다양하다. 목자(모세와 다윗), 어부(베드로, 요한), 군 지휘관(다윗), 선지자(이사야와 예레미야), 왕(다윗, 솔로몬), 수상(다니엘), 왕의 술 따르는 자(느헤미야), 의사(누가), 세리(마태), 천막 만드는 사람(바울) 등이 있다. 마지막으로(그러나 가장 중요한) 예수님을 생각해 보면, 그분은 목수였다가 선생이 되신 분이다. 예수님은 성경에서 어떤 책을 쓰지는 않았지만, 마태복음, 마가복음, 누가복음, 요한복음, 사도행전, 요한계시록이 모두 예수님의 말씀을 기록하고 있다.

저자	기록 시기	책
모세	BC 1446-1406	창세기, 출애굽기, 레위기, 민수기, 신명기
에스라	BC 457-444	에스라, 역대상하 추정
느헤미야	BC 424-400	느헤미야 추정
다윗	BC 1011-971	시편에서 73편의 시
솔로몬	BC 971-931	잠언(마지막 두 장은 도움을 받음), 전도서, 아가
이사야	BC 701-681	이사야
예레미야	BC 626-582	예레미야, 예레미야애가
에스겔	BC 593-570	에스겔
다니엘	BC 605-535	다니엘
호세아	BC 752-722	호세아
요엘	미상, BC 515-350 추정	요엘
아모스	BC 760-753	아모스
오바댜	BC 586	오바댜
요나	BC 783-753	요나
미가	BC 738-698	미가
나훔	BC 663-612	나훔
하박국	BC 609-598	하박국
스바냐	BC 641-628	스바냐
학개	BC 520	학개

저자	기록 시기*	책
스가랴	BC 520–518	스가랴
말라기	BC 400년대	말라기
마태	AD 50년대–60년대	마태복음
마가	AD 50년대–60년대	마가복음
누가	AD 60–62	누가복음, 사도행전
요한	AD 85–96	요한복음, 요한 1,2,3서, 요한계시록
바울	AD 48–66	로마서, 고린도전후서, 갈라디아서, 에베소서, 빌립보서, 골로새서, 데살로니가전후서, 디모데전후서, 디도서, 빌레몬서, 히브리서(추정)
야고보(아버지가 다른 예수님의 형제)	AD 49	야고보서
베드로	AD 64–65	베드로전후서
유다	AD 60년대–80년대	유다서
작자 미상	다양	여호수아, 사사기, 룻기, 사무엘상하, 열왕기상하, 에스더, 욥기, 시편 일부, 히브리서(추정)

* 기록 시기는 근사치다.

성경에서 구절 찾는 법

이 책의 안내를 따라 읽다 보면 '딤후 3:16' 같은 참고구절이 나온다. 성경에 있는 특정 구절을 참고하라는 의미다. 여기서 '딤후'는 디모데후서의 약자이고, 디모데에게 보내는 두 번째 편지라는 의미다(어떤 때는 편지 쓴 사람의 이름일 때도 있다). '3'은 3장이라는 뜻이고 '16'은 16절을 의미한다. 성경의 책 순서가 익숙해질 때까지 목차를 참고하면 된다.

*주의 사항 성경의 장절 구분은 원래부터 있었던 것은 아니다. 성경을 읽는 독자와 연구하는 학생들의 편의를 위해 15세기에 추가되었다.

2 TIMOTHY 3:16

16 All Scripture is God-breathed and is useful for teaching, rebuking, correcting and training in righteousness,
17 so that the servant of God may be thoroughly equipped for every good work.

이렇게 저자가 많은 것으로 볼 때, 성경은 분명 문집(여러 기고자의 작품을 모아 놓은 것)이다. 그러나 많은 문집과 달리 성경은 몇 가지 독특한 특징이 있다. 먼저, 대부분의 기고자가 동시대인이 아니다. 그들의 기고는 간격이 몇 세기 벌어지는데, 처음과 끝의 간격이 약 1,500년이나 된다. 또 분명한 것은 이 다양한 개인 기고자들이 다양한 장르의 문학작품을 기고했다는 것이다. 이런 이유로 성경에는 여러 장르의 작품이 있다.

- 이야기(역사/서사)
- 시
- 미래 사건을 말하는 예언(묵시문학)
- 예수님에 대한 묘사(복음서)
- 다양한 교회와 사람들에게 보내는 많은 메시지(서신서)

이 모든 것 사이에는 하나님의 백성에게 주어진 메시지나 설교가 산재해 있다. 각 글의 형식을 통해 하나님에 대해, 그리고 하나님과 우리의 관련성에 대해 배우게 된다.

자세히 읽어 보면 작가들 나름대로 각각의 스타일이 있음을 알게 된다. 어떤 이는 기술적인 표현을 쓰는 반면, 어떤 이는 좀 더 평범한 언어를 사용한다. 또 어떤 이는 이 주제 저 주제를 넘나들고, 어떤 이는 논리적인 주장을 펼친다. 어떤 작가는 반복하는 경향이 있고, 어떤 이는 간결하게 쓴다. 각 작가의 의사소통 방법을 알고 그들이 선호하는 문체를 넘어 하나님의 메시지를 이해할 때, 성경을 좀 더 제대로 알게 된다.

성경 저자들은 각각 다른 환경에서 일했다. 다윗은 양을 돌보거나 광야에서 적을 피해 숨으면서 많은 시편을 지었다. 바울은 선교여행을 다니면서 몇몇 서신서를 썼다. 감옥에 갇혔을 때는 감방 밖에 있는 신뢰할 수 있는 동료를 불러 자신의 말을 받아적게 하기도 했다.

열왕기상하나 역대상하의 저자는 관료였거나, 하나님 백성의 역사적 사건을 문서화하고 싶어하던 제사장이었다. 누가(복음서 저자) 같은 사람들은 역사적 고찰과 많은 증인을 인터뷰하는 등 철저히 준비했다. 그리고 미래 세대를 격려하려는 노력의 일환으로 자신들이 발견한 것을 부지런히 기록했다. 이사야, 에스겔, 다니엘, 요한은 모두 이해할 수 없는 환상을 경험하고, 그들이 할 수 있는 최선의 방법으로 그 환상을 공유했다.

이 저자들 중 많은 이가 영원히 신성하게 여겨질 것을 기록한다고 생각하지 못했을 것이다. 그들은 그저 그렇게 할 수밖에 없었기에 기록한 것이다. 지금 우리가 성경이라고 부르는 이 두꺼운 책이 될 것을 알지 못한 채 기록했을 것이다.

성경은 어떻게 우리에게 전해졌나

그렇다면 30-40명에 이르는 저자들이 수백 년에 걸쳐 고대 근동지방 전역에 흩어져 기록한 이 66권의 책은 어떻게 한 권으로 모이게 되었을까?

이 글들은 수세기를 거치면서, 서기관과 학자들이 수집하고 정렬해 영감받은 거룩한 권위를 가진 글로 인식되었다. 구약의 선지자 에스라는 BC 450년 경에 다양한 종교적 글을 수집하고 정리한 것으로 알려져 있다. AD 초 몇 세기 안에, 사복음서와 바울 서신서와 다른 서신서들이 교회의 여러 모임 안에 돌아다녔고, 기독교인들 사이에서 권위 있는 것으로 인정받고 있었다. 4세기 말엽 AD 397년에, 교회 공의회인 카르타고 공의회는 정확한 영적 기준에 의거하여 신약 27권을 확정지었다. 이 학자들과 교회 공의회가 책을 영감 있게 한 것이 아니라는 점을 아는 게 중요하다. 그들이 그러한 특성을 부여한 것이 아니다. 그들은 몇몇 글 안에 그러한 신적 특성이 있음을 감지했다.

여전히 질문이 남는다. 이 모든 일이 오래 전(복사기와 프린터기가 나오기 전)에 일어났는데, 어떻게 모세와 다윗의 글을 우리가 갖게 되었을까?

다락방에서 오래된 신문을 찾았다고 가정해 보자. 그 신문은 겨우 50년 지났는데도 누렇게 변하거나 글자가 지워지고 찢어져 있다. 벌레나 쥐 같은 것이 갉아먹은 것처럼 보인다. 현대 인쇄물도 겨우 몇십 년 만에 이렇게 되는데, 모세가 3,400년 전에 쓴 글을 우리가 어떻게 알겠는가?

짧게 답하면, 사본들 때문이다! 잘 알려지지 않은 사실이 하나 있는데, 성경 원본이 우리에게는 없다는 사실이다. 사본만 있다. 사실 사본의 사본의 사본의 사본이 있다고 하는 편이 맞다. PDF나 복사기가 나오기 전에는 살아 숨쉬는 복사 기계가 있었다! 많은 사람이 필사를 직업으로 삼고 있었다.

이러한 필사가(많은 경우 제사장들, 나중에는 수도사들)는 원래 돌이나 찰흙, 가죽, 파피루스, 동물가죽 등에 새겨진 글을 필사해 미래 세대를 위해 재생산해내는 일에 극도로 주의를 기울였다. 이것은 고된 작업이었다. 필사가들은 실수를 막기 위해 줄과 단어와 글자를 세는 복잡한 방법을 고안해냈다.

실수가 있었을까? 물론이다. 인간은 실수하기 마련이다. 가끔 철자가 누락되기도 하고 단어가 부주의하게 생략되기도 했다. 그러나 워낙 많은 사람이 많은 사본을 만들어내다 보니(우리가 지금껏 가지고 있는 것만 해도 5천 개가 넘는다), 과학에서 원문비평이라 부르는 방법을 통해 역추적하고, 실수의 개연성 있는 원천을 찾아내고, 문서들을 비교해 원문이 말했을 법한 것을 찾아내는 것이 가능해졌다.

다시 말하면 이렇다. '오늘날 우리가 가진 성경은 하나님이 다윗과 모세 같은 사람을 통해 그리고 그들에게 말씀하신 것을 신뢰할 수 있게 표현한 것임을 확신할 수 있다.'

성경은 믿을 수 있다

복사기가 나오기 전 시대에, 고대 성경을 필사하던 사람들은 아주 조심스러웠다. 얼마나 조심스럽게 필사했는지, 20세기의 탁월한 신약학자 중 한 명인 프린스턴의 브루스 메츠거(Bruce Metzger)는, 손으로만 필사한 지 2천 년이 지났지만 신약의 2만 개가 넘는 구절 중에 단지 40개만 논란의 여지가 있다고 결론내렸다. 더 중요한 것은, 이러한 차이가 기독교 신앙의 기본적인 가르침을 전혀 손상시키지 않는다는 것이다. 다른 말로 하면, 오늘날 우리가 가진 성경은 매우 신뢰할 만하다는 것이다. 어떤 다른 고대 역사적인 문서보다 더욱 신뢰할 만하다.

> **바이블 팩트**
>
> 정경(the canon of Scripture) 혹은 정경으로 인정된 성경이라는 말을 들어보았을 것이다. 정경이라는 말은 '원칙 혹은 자'(측량 막대)를 의미하는 그리스어에서 유래했다. 따라서 66개의 정경은 믿음에 있어 하나님의 원칙을 드러내는 책이다. 이 책을 이용해 우리는 확고하고 정확하게 하나님에 관한 진리를 알 수 있다.

예를 들어, 철학자 플라톤의 작품과 신약성경을 비교해 보자.

플라톤의 작품	신약성경
BC 400년 어간에 쓰였다.	AD 49-96년에 쓰였다.
210개의 필사본만 남아 있다.	5천 개가 훨씬 넘는 부분(portions)이 남아 있다. 문서가 처음 기록되고 몇십 년 후부터 단편(fragments)들이 살아남는다.
가장 오래된 필사본이 AD 895년에 필사된 것인데, 원본이 쓰인 지 1,200년 이상이 지난 후에 필사되었다.	완성본이 2세기부터 생겨나는데, 그 책들이 쓰인 지 100년도 채 되지 않았다.
	신약을 구성하는 모든 책이 4세기 초부터 등장하는데, 이는 원문서가 쓰인 지 3세기도 채 되지 않은 시기였다.

1946년에는, 성경 재생산의 정확성을 더 확신하게 하는 일이 일어났다. 쿰란 사본(사해사본으로 더 널리 알려진)이 사해에서 약 1킬로미터 정도 떨어진 키르베트 쿰란이라는 역사 깊은 마을 근처에 있는 동굴에서 목자들에게 발견되었다.

그 지역에 살던 유대인 수도원 공동체 사람들(아마도 에세네파였을 것이다)이, 로마 군대가 그 문서를 파괴하는 것을 막기 위해 그곳에 숨겨두었던 것 같다. 로마 군대는 실제로 AD 68년에 유대인 공동체를 파괴했는데, 이 사본은 살아 남았다.

목자들이 발견한 이 문서의 중요성을 알아차리는 데 시간이 좀 걸렸다. 그 후 몇십 년에 걸쳐 그 지역을 추가로 발굴한 결과 더 많은 동굴을 발견했고, 토기 안에 밀봉되어 잘 유지된 문서 수백 개를 발견할 수 있었다. 곧이어 모든 구약(에스더만 빼고)의 각 부분이 발견되는데, 여러 권의 책에 다수의 사본이 있었다. 인류학자들은 이것을 현대의 가장 위대한 발견 중 하나라고 일컫는다.

대 이사야서 사해사본

사해 두루마리의 일부가 발견된 동굴

탄소 연대 측정법을 이용해, 이 사본들이 당시(즉, AD 9세기와 10세기) 우리가 가지고 있던 가장 오래되고 가장 상태가 좋은 구약 사본들보다 몇백 년 더 앞선 것임을 밝혀냈다. 그러나 더 오래된 사해문서와 그보다 훨씬 후대에 만들어진 성경 사본을 비교해 보면, 비록 완벽히 일치하지는 않지만 그래도 상당 부분 일치한다. 이를 통해 꽤 정확한 사본들이 전 역사에 걸쳐 만들어졌음을 확인할 수 있다. 이 말은 오늘날 우리가 읽는 성경을 신뢰해도 된다는 의미다.

성경이 의미하는 바를 어떻게 알 수 있나

성경의 어느 부분이든 펴서 읽으면 이해할 수 있을까? 대답하기 곤란한 질문이다. 톨스토이의 장편소설 『전쟁과 평화』511쪽을 펴서 읽기 시작하면 그 작품을 이해할 수 있을까? 아마도 힘들 것이다. 친구 한 명이 돈을 저축하는 방법에 대해 날마다 블로그에 글을 올리는데, 저렴하게 여행하는 방법에 대해 쓴 글만 관심 있게 읽었다고 하자. 이해할 수 있을까? 물론 가능하다. 따라서 이 질문에 대한 답은 '상황에 따라 다르다'는 것이다.

성경에 뛰어들어 그 뜻을 이해하고자 할 때 도움이 되는 간단한 현실적인 지침을 몇 가지 소개하겠다. 다음의 단순한 계획, 즉 읽기, 묵상하기 실천하기를 따라해 보라.

읽기

읽기는 이해를 위한 첫 단계다. 몇 가지 도움이 되는 조언을 소개하겠다.

- **한 구절을 두세 번 읽어보라.** 반복하다 보면 "아!" 하고 깨닫는 순간이 올 것이다.
- **잠깐 시간의 간격을 두라.** 그런 다음 읽은 부분을 다시 읽고 계속 이어서 읽어 나가라. 이렇게 하면 문맥을 이해하게 된다. 문맥과 상관없이 부분만 읽어서는 안 된다.
- **단어에 집중하라.** 중요한 동사에 밑줄을 그으라. 중요한 용어, 반복되는 구절, 강조하는 주제를 찾아보라.
- **탐정이 된 것처럼 읽으라.** 현장을 조사하는 탐정처럼 읽으라. 호기심을 가지라. 질문을 많이

하나님에게서 우리에게로

성경은 어떻게 전해졌나?

계시

하나님은 선택한 개인에게 자신과 인류와 영원에 대한 특별하고 자세한 진리를 드러내신다.

영감

하나님은 이 진리의 기록을 감독하시는데, 그렇게 함으로써 자신의 계시가 원본과 달라지는 일이 없게 하신다.

세상
선포

하나님의 진리를 이웃과 공유하라!

복제

서기관과 제사장들은 이 오래된 문서를 가죽이나 파피루스, 피지(동물가죽)에 조심스럽게 손으로 베껴 썼다.

깨달음과 변화

사람들이 자신의 언어로 성경을 읽을 때 성령께서 그들의 눈을 열어 하나님의 진리를 보게 하시고(깨달음), 삶이 영원히 변화된다(변화).

정경화

교회지도자들이 다양한 종교 관련 글을 모아, 어떤 것이 영감을 받아 된 것인지 식별하는 과정(신적 진정성)

번역

학자들은 더 많은 사람이 성경을 이해하도록 성경을 번역한다. 선교사들은 하나님의 말씀을 전파한다.

보존

성경을 파괴하려는 일련의 시도가 있었음에도, 하나님은 주권적으로 말씀을 지키시고 전해지게 하신다.

출판

구텐베르크의 인쇄술 덕분에 성경이 1455년에 출간된다. 더는 손으로 베껴 쓴 성경이 필요 없게 되었다!

하고 사실을 수집하라. 예를 들면, '이 구절이 정말로 말하는 바가 뭐지?' '뭐가 보이지?' '배경이 뭐지?' '어떤 인물이 나오지?' '그들이 무슨 말을 하고 무슨 행동을 하지?'처럼 말이다.

● **많이 기록하라.** 관찰한 것을 기록하라.

묵상하기

묵상은 성경을 읽고 이해하는 두 번째 단계다. 성경이 말하는 바를 단순히 보는 데서 그치지 않고, 성경이 의미하는 바를 파악하는 것이다. 묵상하고 본문을 이해하는 데 도움이 되는 몇 가지 조언을 소개하겠다.

● **지혜와 통찰력을 구하는 기도를 하라.** 예수님은 성령이 우리를 모든 진리 가운데로 인도하실 것(요 16:13)이라고 약속하셨다. 우리가 하나님의 말씀을 이해하는 데 누가 성령보다 더 잘 도울 수 있겠는가?

● **성경이 직접 말하게 하라.** 성경구절이 의미하는 바를 스스로 생각하기에 앞서 성경이 직접 설명하도록 기회를 주라. 성경 관주(cross-reference)가 도움이 될 수 있다. 본문 말미의 여백이나 중앙 여백의 세로단에, 같은 주제를 다룬 다른 성경구절이나 같은 단어나 구절을 사

스스로 성경을 읽고자 하는 것은 참 가치 있는 일이지만, 우리가 성경을 읽을 때 하나님이 말씀해 주시기를 간구하는 것은 우리의 의지를 더 가치 있게 만든다. 하나님은 성경을 기록할 때 원저자들에게 영감을 주신 것처럼, 우리가 성경을 읽을 때 성령을 통해 더 깊은 의미를 보여주실 수 있다. 성경을 읽고 공부할 때 기도가 먼저 선행되어야 한다. 우리의 목표는 하나님이 말씀하시는 바를 깨닫는 것이지 우리가 성경에 나름대로 의미를 부여하는 것이 아니다.

우선 기도하라

몇 가지 제안

* 앞서 당신에게 알려주신 것에 대해 하나님께 감사하라.

* 읽고자 하는 본문에서 하나님이 말씀해 주시기를 구하라. 집중할 수 있도록 기도하라. 새로운 통찰력을 주시고, 이미 알고 있는 것은 더 확고해지도록 하나님께 구하라.

* 이해하기 힘든 구절을 만나면 하나님께 도움을 구하라. 초월적인 통찰력을 주셔서 분명히 깨닫게 해달라고 구하라.

* 이 진리를 삶에 적용할 수 있도록 도움을 구하라.

* 기도는 오늘날 우리에게 주시는 하나님의 말씀을 발견하기 위해 집중하고 결단하도록 돕는다.

용하는 성경구절들이 기록되어 있다. 이 참고구절을 찾아보면 성경의 주제를 훨씬 더 정확하고 폭넓게 이해할 수 있을 것이다.

● **성경은 절대로 성경에 모순되지 않는다는 점을 기억하라.** 하나님은 모순이 없는 분이기 때문이다. 어떤 구절은 언뜻 보면 서로 모순인 것처럼 보일 수 있는데, 두 구절이 조화를 이룰 수 없다면 그것은 '하나님'이 문제가 아니라 '우리'가 문제다. 본문을 여러 번 반복해서 읽고, 정확히 이해하게 해달라고 기도한 후 성경주석을 참고해 보라.

● **독특하고 드문 성경의 사건을 너무 많이 읽지 말라.** 성경 여러 곳에서 사건이 일어나는데, 이 사건들이 오늘날 우리가 일상을 살아가는 데 따라야 할 처방은 아니다. 예를 들면, 마태복음에 예수님이 베드로에게 성전 세금을 내라고 말씀하시는 내용이 있다. "네가 바다에 가서 낚시를 던져 먼저 오르는 고기를 가져 입을 열면 돈 한 세겔을 얻을 것이니 가져다가 나와 너를 위하여 주라 하시니라"(마 17:27). 이 구절을 가지고 예수님은 기독교인들이 세금 내기를 늘 원하신다는 식으로 해석하면 어리석지 않겠는가?

● **성경 말씀을 자신의 생각이나 느낌, 경험에 근거해 해석하지 말라.** 우리에게는 편견과 선입견이 있다. 성경을 읽을 때는 이런 편견과 선입견을 가지고 읽지 않도록 주의해야 한다. 그 말씀이 말하고 의미하는 바가 내가 원하는 것인지는 중요하지 않다. 그것이 정말로 말하고 의미하는 바는 무엇인가?

● **성경은 전적으로 예수님에 대해 말하고 있음을 기억하라.** 예수님은 성경 계시의 핵심이다. 신약은 구약 대부분이 그리스도를 가리키고 있음을 정교하게 보여준다.

적용

성경을 적용하는 것은 말씀을 듣는 데서 그치지 않고 행동으로 옮기는 것이다(약 1:22). 성경을 적용하는 것은 행동하는 것이다. 하나님의 진리를 삶으로 살아내는 것이다. 하나님의 말씀을 실천하는 데 도움이 되는 몇 가지 조언을 제시하겠다.

- **스스로 자신에게 질문하라.** 말씀을 읽고 묵상하면서 얻은 변함없는 원리나 진리는 무엇인가? 예를 들어, 앞에서 인용한 구절(마 17:27)을 읽고 나서 세금 낼 시기가 오면 낚시를 하러 가야겠다고 해석한다면 그것은 잘못된 해석이다. 그리스도를 따르는 사람이라면 정당한 권위에 복종해야 한다는 것이 더 나은 해석이다.
- **현재 자신의 삶을 평가해 보라.** 또는 방금 읽은 말씀의 진리를 자신의 삶에 그대로 적용해 보라. 세금 낼 시기가 다가온다고 가정하자. 지금 욕실을 리모델링하려는데 법적으로 시의 허가를 받아야 한다. 그러나 대부분의 사람이 그렇게 하지 않는다. 절차를 밟는 것도 번거롭고 허가비용도 5만원 가량이나 든다. 그러니….
- **다음 몇 가지 다른 질문을 자신에게 던져보라.**

» 따라야 할 명령이 있는가?

» 피해야 할 죄가 있는가?

» 믿어야 할 하나님의 약속이나 하나님에 관한 진리가 있는가?

» 따라야 할 본이 있는가?

» 버려야 할 태도가 있는가?

» 내가 해야 할 기도가 있는가?

» 읽은 말씀을 조용히 묵상해 보라. 성령께서 몇 가지 구체적인 방법으로 당신의 마음을 움직이심이 느껴지는가?

성경 읽기에 대한 질의응답

언제 읽어야 하는가?

가장 정신이 맑고 방해를 적게 받을 때.
바쁘지 않을 때.

한 번에 얼마나 읽어야 하는가?

'생각의 단위'(unit of thought)를 전부 읽으려고 노력하라. 잠언 같은 책은 생각의 단위가 한두 구절일 수 있다. 시편 같은 책은 시 한 편(한 장) 전체일 수 있다. 요한2서 같은 짧은 책은 책 전체가 생각의 단위일 수 있다(실제로 엽서 한 장보다 길지 않다). 복음서(마태, 마가, 누가, 요한)에서는 예수님이 말씀하신 독립된 비유나 예수님이 행하신 기적 이야기가 생각의 단위일 수 있다. 대부분의 경우 장 구분이 생각의 단위로 적합하다. 다만 이러한 장 구분(15세기에 첨가되었다)이 때로는 저자의 생각의 흐름을 끊어 놓을 때도 있다(TV 볼 때 중간중간 광고가 나오듯). 또 오늘날 성경은 문단이 시작하고 끝나는 것을 보여주기 위해 소제목을 달아놓은 경우도 많다.

어떻게 읽어야 하나?

기도하는 마음으로, 주의를 기울이면서, 겸손한 마음으로, 알고자 하는 마음으로, 기대하는 마음으로 읽으라. 하나님께 듣고자 열린 마음으로 나아가면 좋은 일이 생길 것이다.

성경의 각 부분이 왜 그렇게 다른가

성경을 읽을 때 성경이 각각 다르다는 것을 성경학자들처럼 알 필요는 없다. 말하자면 구약의 사무엘상과 신약의 로마서를 읽을 때, 다르게 읽어야 한다는 것을 꼭 알 필요는 없다.

성경을 정말로 알려면 앞에서도 말했듯, 성경 전반에 걸쳐 다른 문학 형태 혹은 장르로 구성되어 있음을 먼저 알아야 한다. 많은 경우 성경 안에서 비슷한 장르의 책들이 그룹으로 함께 묶여 있지만, 두드러진 예외도 있다.

아래 표가 기본적인 성경의 구성을 잘 보여준다.

장르	정의	성경을 차지하는 비율	예
역사/서사서 (율법서 포함)	행위가 일어나는(인물들이 뭔가를 하는) 이야기가 있다. (주의: 성경의 처음 다섯 권은 역사서와 율법서로 간주된다)	60%	창세기, 마태복음
예언서	하나님의 예언자들을 통해 하나님의 백성에게 전해지는 하나님의 구체적인 메시지를 기록한다.	20%	이사야
서신서	개인이나 단체에게 쓴 편지다.	7%	고린도전서
지혜서	하나님이나 인간의 상태에 대해 심오한 통찰력을 준다.	6%	잠언
시가서	하나님과 관련해 인간의 경험을 강조한다. 기도, 시, 노래가 될 수 있다.	5%	시편, 아가
묵시문학	신비스러운 글로 종말을 들여다볼 수 있게 한다.	2%	다니엘, 요한계시록

구약

역사/서사서

 알아야 할 것 구약의 약 40퍼센트가 이야기로, 하나님이 인간과 어떻게 관계를 맺으셨는지에 대한 역사적 기록이다. 모든 좋은 이야기가 그렇듯 각각의 이야기에는 뭔가를 원하다가 장애물에 직면한 인물이 나온다.

발견 장소 모세가 홍해를 가르는 이야기, 다윗이 골리앗을 물리치는 이야기 같은 구약의 많은 이야기가 창세기부터 에스더에 걸쳐 발견된다. 다니엘서와 요나서에도 예언자의 삶에 대한 이야기가 나온다.

읽는 방법

- 언제나 문맥을 파악하려고 애써야 한다. 왜 이렇게 되었는지, 어디서 이 일이 일어나고 있는지를 질문하라.
- 오케스트라에 속한 악기처럼, 각각의 짤막한 이야기가 하나님이 말씀하시는 전체 이야기에 뭔가 더하는 것이 있음을 명심하라.
- 대화를 잘 살펴서 말하는 사람이 누구인지 알고, 반복되는 단어나 구절을 찾으라. 중요한 세부사항을 이해하는 데 도움이 된다.
- 우리는 구약의 인물과 많이 다르지만, 그럼에도 인간의 감정이나 인간이 겪어야 하는 갈등과 경험은 많은 부분 같다는 점을 기억하라.
- 이야기가 끝날 때마다 '이 이야기의 도덕적 교훈은 ~이다'라고 말해 줄 거라 기대하지 말라. 대부분의 경우 이야기의 주요 메시지가 직접적으로 드러나 있지 않다. '이 이야기를 통해 무슨 말씀을 하시는 겁니까?'라고 기도하는 마음으로 하나님께 물으라.

율법서

 알아야 할 것 율법은 하나님의 거룩한 성품을 반영한다. 또 하나님의 백성이 거룩한 삶을 살도록 부름받았음을 보여준다. 율법은 법적 효력이 있는 조약처럼 하나의 언약으로서 이스라엘에게 주어졌다.

발견 장소 율법은 창세기부터 신명기에 걸쳐 집중되어 있다. 그러나 하나님의 율법에 대한 논의는 구약 전반에 걸쳐 여러 곳에서 나온다. (성경의 처음 다섯 권에는 많은 이야기가 들어 있는데, 이것 때문에 서사문학에 속하기도 한다.)

읽는 방법

- 율법은 지침임을 기억하라. 하나님은 어떻게 살아야 할지 지침을 줌으로써 자신의 선함을 보여주신다.
- 구약의 율법을 읽으면서 감당할 수 없을 것처럼 느껴져도 실망하지 말라. 신약은 율법이 하나님께 가는 사다리가 아니라고 지적한다. 율법은 오히려 하나님께 가기 위해 우리에게 무엇이 필요한지를 보여준다. 예수님은 율법을 완벽하게 지킨 유일한 분이다. 사실 모든 것이 그분을 가리킨다!
- 각각의 율법이나 명령이 하나님과 그분의 성품과 그분의 기대 혹은 우리 자신의 본성에 대해 뭔가 말하고 있음을 인식하라.
- 고대 이스라엘 백성과 우리의 차이점과 유사점을 찾으라. 그들과 우리가 처한 상황은 다르지만 하나님은 동일하시다.
- 예수님은 마음 다해 하나님을 사랑하고 이타적으로 다른 사람을 사랑하는 것을 율법이라 요약하셨음을 기억하라.

예언서

 알아야 할 것 예언 문학에는 백성의 마음 상태, 하나님의 본성, 회개, 순종, 심판, 축복, 승리, 구원, 화(woe) 같은 것에 대해, 하나님께서 예언자(여예언자)를 통해 말씀하신 것이 포함된다.

발견 장소 구약의 예언서는 이사야부터 말라기까지다. 그러나 구약의 많은 이야기 안에서 예언의 메시지를 발견할 수 있다.

읽는 방법

- 주로 사람이나 나라가 거짓 신에게 돌아섰을 때 예언자가 등장한다는 점에 주목하라.
- 예언서는 신탁이라 불리는 개인 계시모음집임을 알라.
- 예언서를 읽을 때는 반드시 그 예언서 저자가 속한 역사적 맥락 안에서 읽으라. 이것은 필수다.
- 성경에는 하나님과 하나님의 백성을 대적한 나라에 대한 경고의 예언도 있지만, 대부분의

예언서가 하나님 백성을 향한 것임을 알라.

- 미래의 사건을 언급하는 예언을 읽을 때는, '이것이 구약에서 성취되었는가, 아니면 예수님을 통해 성취되었는가, 아니면 아직 성취되기를 기다리고 있는가?' 질문하며 더 조사하라.

지혜서

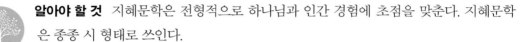 **알아야 할 것**　지혜문학은 전형적으로 하나님과 인간 경험에 초점을 맞춘다. 지혜문학은 종종 시 형태로 쓰인다.

발견 장소　욥기, 잠언, 전도서는 지혜서로 알려져 있다. 그러나 이외에도 지혜의 말이 성경 전반에 걸쳐 있다!

읽는 방법

- 잠언은 약속이 아니라는 점을 이해하라. 잠언은 널리 관찰된, 일반적으로 참된 삶의 원리를 제공한다. 성경이 특정한 진리를 담고 있다고 해서, 기록된 모든 말을 보증한다는 의미는 아니다. (예를 들면, 잠언 17장 8절에서 "뇌물은 … 형통하게 하느니라"라고 말한 것)
- 잠언은 아주 간결해서 외우기 좋다는 점에 주목하라. 몇몇 좋아하는 구절은 외우고 싶을 것이다. 지혜의 완성으로서 예수님을 생각하라. 이 잠언 구절에 있는 궁극적인 지혜를 예수님이 어떻게 보여주시는지 질문하라.
- 통찰력을 허락해 달라고 하나님께 기도하라. 하나님은 지혜의 원천이자 지혜를 주시는 분이다.

시가서

알아야 할 것　성경에서 시가서는 인간 상태에 대해 아름답고 감성적이며 매우 시각적으로 표현한다. 시편(다 합치면 150편)에는 다양한 목적이 있다. 슬퍼하고, 축하하고, 감사를 표현하고, 찬양하고, 하나님의 구원을 기뻐하고, 역사를 기록하고, 지혜를 주고, 악을 저주한다.

발견 장소　시편과 아가서 그리고 몇몇 지혜서는 시로 가득하다. 그 외에 구약의 다양한 이야기에도 시가 산재되어 있다.

읽는 방법

- 히브리 시에서 각운을 기대하지 말라! 오히려 반복이나 두운에 더 많이 의존한다.

- 반복되는 단어나 구절을 찾으라.
- 주제나 저자의 핵심 생각을 찾아낼 수 있는지 살펴보라.
- 시가 매우 감성적이고 진술하고 솔직한 것에 감사하라. (초창기 성경 독자 대부분이 기대한 것과 전혀 다른 종류의 믿음의 표현이다.)
- 성경의 시를 하나님을 향한 당신 자신의 기도로 만들라.

신약

역사/서사서

✝ **알아야 할 것** 복음서(마태, 마가, 누가, 요한)는 예수님을 보여주는 이야기 형식의 설명이다. 이 이야기들은 서로 보완해 준다. 복음서는 그리스도의 탄생과 삶에 대해 말해 주는 반면, 사도행전은 교회의 탄생과 삶을 말해 준다. 복음서와 사도행전이 신약의 60퍼센트를 차지한다.

발견 장소 신약의 처음 다섯 권(마태복음부터 사도행전까지)이 역사/서사서다.

읽는 방법

- 복음서 저자마다 강조점도 다르고 말하는 대상도 다르다는 점을 기억하라. 마태는 예수님이 메시아 되심을 주로 유대인을 향해 썼다. 그래서 구약을 종종 인용한다. 마가는 그리스도의 종 되심을 로마 독자들을 대상으로 썼다. 짧은 책이지만 상당히 활동 지향적이다. 누가는 그리스인을 대상으로 썼는데, 예수님의 완벽한 인성을 강조했다. 요한복음은 예수님이 그리스도, 하나님의 아들이심을 증명하고, 독자들이 그리스도를 믿도록 촉구하기 위해 쓰였다.
- 사도행전도 누가가 기록한 것인데, 예수님의 교회가 성장하는 과정을 보여주고, 예수님의 복음이 성령의 인도하심에 따라 예루살렘에서 유대, 사마리아까지("땅 끝까지" 이르러, 행1:8) 전파되는 모습을 보여준다.

서신서

알아야 할 것 교회지도자들(주로 바울)이 다양한 교회와 개인에게 쓴 편지다. 우리는 이 서신서를 가르치고 삶의 지침으로 삼는 권위 있는 것으로 받아들인다.

발견 장소 신약의 서신서는 바울이 쓴 편지 13개(로마서부터 빌레몬서까지)와 다른 편지 8개(히브리서부터 유다서까지)로 이루어져 있다.

읽는 방법

- 사도행전은 바울 편지의 역사적 맥락과 배경에 빛을 비춰준다는 데 주목하라.
- 이 편지들은 편지를 받는 수신인이 직면한 특정한 문제와 질문에서부터 나오게 되었다는 점을 기억하라.
- 바울은 편지 첫머리에 우리가 믿는 바를 상기시키면서 쓰기 시작했다는 데 주목하라. 편지를 끝맺을 때는 어떻게 행동해야 하는지 실질적인 지침을 상기시킨다(예: 에베소서, 골로새서, 로마서).
- 공통의 주제를 찾으라. 예를 들면, 예배, 관계, 거짓 교사, 부정한 세상 속에서 정결하게 살아가기 등이 있다.
- 구체적인 사건을 넘어 일반적인 원리를 보라. 예를 들면, 고린도전서 8장에서 바울이 고기 먹는 것에 대해 말하는데, 이것은 실제로는 다른 사람을 의식하는 것에 대한 내용이다.

묵시문학

알아야 할 것 '묵시'라는 단어는 '드러내다'라는 뜻의 그리스어에서 왔다. 이런 문학 류가 강조하는 것은, 하나님이 자기 백성을 궁극적으로 구원하시고 악한 자를 심판하신다는 것이다.

발견 장소 성경의 주요 묵시 책은 요한계시록이다. 물론 다른 책에도 종말에 대한 언급이 있긴 하다. 신약에서는 데살로니가전후서와 마태복음, 구약에서는 이사야, 요엘, 스가랴, 다니엘이 있다.

읽는 방법

- 요한계시록은 사도 요한이 말년에 세상 종말에 대해 장대한 환상을 하나님께 받은 후 썼음을 기억하라.
- 묵시문학의 특징을 알라. 예를 들면, 선과 악, 천사와 마귀의 대결이라든가 메시아(예수)에 초점을 두었음을 알아야 한다.

- 요한계시록은 상징(동물, 색깔, 숫자, 격동적인 이미지)을 사용해, 실재하지만 보이는 그대로가 아닌 것을 드러내고 있음에 주의하라. 예를 들면, 요한계시록 11장 7절에 나오는 "짐승"은 동물이 아니라 악한 사람을 가리킨다.
- 요한계시록은 종말의 특정 사건을 보여주지만 정확한 시간대를 말하지는 않음에 주목하라. 요한계시록의 궁극적인 목적은 읽는 자들로 하여금 하나님이 승리하신다는 것과 하나님이 언젠가는 "만물을 새롭게" 하실 것(21:5)을 확신하게 하는 것이다.

성경을 하나님의 말씀이라는 큰 틀로 보게 되었다면, 이제는 성경 지리에 대해 더 알고 싶을 것이다. 이에 대해서는 2장(제2전시관)에서 살펴보자.

Chapter 2
주위 살피기
기본적인 성경 지형

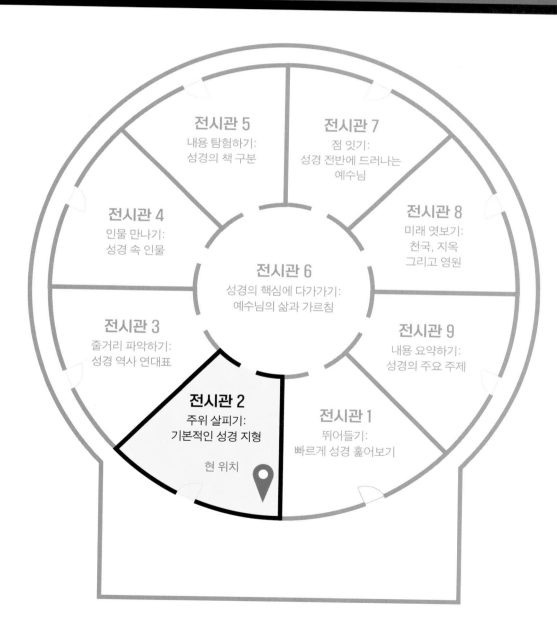

전시관 5
내용 탐험하기:
성경의 책 구분

전시관 7
점 잇기:
성경 전반에 드러나는
예수님

전시관 4
인물 만나기:
성경 속 인물

전시관 8
미래 엿보기:
천국, 지옥
그리고 영원

전시관 6
성경의 핵심에 다가가기:
예수님의 삶과 가르침

전시관 3
줄거리 파악하기:
성경 역사 연대표

전시관 9
내용 요약하기:
성경의 주요 주제

전시관 2
주위 살피기:
기본적인 성경 지형

현 위치

전시관 1
뛰어들기:
빠르게 성경 훑어보기

히타이트(헷 족속)

이고니온

다소

후리안(호리 족속)

아라랏산

반 호

아르메니아

카스피 해

우르미아 호

하란

앗시리아

니느웨
니므롯

엑바타나

우가리트

하맛

키프로스(구브로)

바보

비블로스

시돈

두로

다마스쿠스

마리

메소포타미아

바빌로니아

메디아(메대)

지중해

가나안

욥바

예루살렘

암만

여리고

바빌론

악갓

니푸르

수메르

우르

수사

엘람

알렉산드리아

페르세폴리스

온

놉
(멤피스)

에시온게벨

아라비아 사막

페르시아

페르시아만

나일강

노아몬
(더베)

이집트

나세르 호

홍해

나일강

구스

스바

아라비아해

아덴만

©Michael Schmeling, www.aridocean.com

어떤 의미에서 종이지도는 도도새의 길을 가고 있다. 이제는 종이지도를 보는 사람이 거의 없다. 적어도 길을 찾으려고 종이지도를 찾는 사람은 없다. GPS 기술과 많은 앱 덕분에 스마트폰을 통해 어디든 음성서비스로 길을 안내받을 수 있다.

그러나 어느 한 장소를 조사하고 싶다면(예를 들면, 로키산맥에서 그랜드캐니언이 있는 주변을 둘러보며 그곳에 대해 더 잘 알고 싶다면) 지도가 딱이다.

이 책의 두 번째 장의 목표는 당신이 직접 살펴보게 하는 것이다. 이번 전시관에서는 성경에 언급된 도시, 산, 강, 사막 같은 중요한 지형을 보게 될 것이다. 약 9.1킬로미터 높이에서 성경 속 장소를 보면, 성경 이야기와 사건을 더 잘 연결할 수 있을 것이다. 성경이 시작되는 메소포타미아에서 시작해 보자.

메소포타미아

개관

메소포타미아 지역('여러 강 사이'라는 의미의 그리스어에서 유래된 말)은 대략 오늘날 이라크에 해당하는데 이란, 시리아, 터키도 일부 포함한다. 에덴동산(창세기 1-3장)이 여기 있었는데, 티그리스강과 유프라테스강 사이 어딘가였다. 대부분 메마르고 건조하며, 겨울이 포근하고 여름이 더운 것이 특징이다. 몇몇 성경 번역본에는 시날(단 1:2) 혹은 갈대아(렘 50:10)로 표기되었다.

여기서 무슨 일이 있었나

- 아담과 하와가 하나님을 거역했다(창 3장).
- 노아의 방주(대홍수 이후)가 아라랏산 중턱 어딘가에 다다랐다(창 6-9장).
- 바벨탑이 세워졌다(창 11장).
- 수메르인들이 여기서 최초의 문자를 발명했다(BC 3200).
- 아브라함(아브람이라고도 알려진)은 원래 이 지역 출신이다["갈대아인의 우르"(창 11:31), "메소보다미아"(행 7:2)].
- 함무라비가 바벨론의 왕이 되었다(BC 1792).
- 이 지역은 바벨론 제국의 본부 역할을 했다. 느부갓네살 왕이 하나님의 백성을 포로로 잡은 곳이고, 선지자 다니엘이 사역한 곳이기도 하다.

성경에서 갖는 중요성

- 성경적 관점에서 볼 때, 메소포타미아는 인류의 발상지이고 창세기 12장의 배경이다.
- 크리스마스 이야기에 등장하는 박사들('현자')이 메소포타미아에서 온 것으로 알려진다(마 2:1).
- 오순절에 예루살렘을 찾은 사람들 중에는 여기서 온 사람도 있다(행 2:9).

"데라가 그 아들 아브람과 하란의 아들인 그의 손자 롯과 그의 며느리 아브람의 아내 사래를 데리고 갈대아인의 우르를 떠나 가나안 땅으로 가고자 하더니 하란에 이르러 거기 거류하였으며"
_ 창 11:31

한눈에 보는 위대한 고대 제국

제국	연대	주요 지도자
수메르	BC 3200 – 1900	길가메시
이집트	BC 2700 – 1100	쿠푸, 람세스 2세
아카드	BC 2300 – 2150	사르곤
바벨론	BC 1790 – 1590	함무라비
히타이트	BC 1400 – 1200	수피루리우마시 1세, 무르실리 2세
앗시리아	BC 1350 – 609	아슈르바니팔
이스라엘	BC 1051 – 586	사울, 다윗, 솔로몬
신바빌로니아	BC 626 – 539	느부갓네살
페르시아	BC 539 – 323	고레스, 다리우스

시기는 대략적인 것이며, 제국이 전성기를 누렸던 기간을 반영한다.

이제 서남쪽으로 조금 내려가 이집트로 가보자.

지중해

시돈
두로
다마스커스
헤르몬산
돌레마이
(악고)
하솔
갈릴리 호수
갈멜산
아인
므깃도
길보아산
가이사랴
사마리아
에발산
블레셋
욥바
그리심산
실로
가나안
벤엘
길갈
암만
게셀
예루살렘
암몬
아스돗
여리고
느보산
아스글론
베들레헴
가사
유다
헤브론
십
엔게디
모압
브엘세바
아랏
에돔
네겝
믹돌
에담
아말렉
라암셋
고센
술 광야
숙곳
가데스바네아
비돔
신(Zin)광야
바란광야
온
막헬롯
놉
(멤피스)
이집트
딤나
나일강
아브로나
에시온게벨
시나이
옷바다
신(Sin)광야
누웨이바
하세롯
마라
돕가
엘림
바란
르비딤
시내광야
디사합
미디안
시내산
홍해

© Michael Schmeling, www.aridocean.com

이집트

개관

'나일강의 선물'이라고 일컬어지는 이집트는 아프리카 동북부에 위치한 나라다. 현재 이집트 면적은 1,002,325제곱킬로미터(387,000제곱마일)로 미국 텍사스 주의 거의 1.5배 크기다. 세계에서 가장 오래된 문명이 일어난 곳 중 하나로 숫자 계산법이나 천문학, 도서관 건축 등 고대 시대(BC 4000-2000)에 상당히 앞선 기술을 가지고 있었다. 이집트 사람들은 1세기 기독교가 처음으로 전파되기 전인 구약 시대에는 많은 신을 숭배하는 다신론자였다. 7세기 후부터 대부분의 사람이 이슬람에 헌신했다.

여기서 무슨 일이 있었나

- 365일 달력이 소개되었다(BC 2772).
- 피라미드가 세워졌다(BC 2700-2200).
- 식물 파피루스가 처음으로 종이를 만드는 데 사용되었다(BC 3000년부터 시작).
- 아브라함은 한동안 이집트에서 살았다(창 12:10).
- 야곱의 아들 요셉이 노예로 팔려 이집트로 끌려갔다(창 37:28-36). 하나님은 이 사건을 통해 모든 아브라함의 자손이 이집트로 오도록 계획하신다.

- 이집트에서 400년을 보내고 나서(대부분 노예로 지냈다), 이스라엘 민족은 모세의 인도로 자유를 찾아 홍해를 건너 동쪽으로 이동했다. 그리고 가나안 남쪽 광야를 향했다. 이곳은 하나님이 아브라함에게 약속하신 땅이다. 하나님은 택한 백성을 자유롭게 하셨고, 이집트에는 심판을 내리셨다(출 7-12장).
- 요셉과 마리아는 헤롯 왕의 살해 명령을 피해 아기 예수님을 데리고 이집트로 도망갔다(마 2:13-18).

성경에서 갖는 중요성

- 나일강 삼각주의 비옥한 토양 덕분에, 이집트는 고대 시대 곡창지역이었다. 이런 의미에서 이집트는 때때로 하나님 백성의 피난처가 되었다. 그러나 동시에 그곳은 억압과 다신 숭배의 장소였기에 하나님 백성에게는 위험한 곳이기도 했다.

여기서 잠깐!

이집트인들은 최초로 그림 언어의 일종인 상형문자를 사용했다. 얼마 후 이 상형문자는 잘 알려진 필기체와 결합되었다. AD 1799년 *로제타석(Rosetta Stone)을 발견하면서 이 고대 언어를 해석할 수 있게 되었다.

- 이집트는 역사적으로 하나님의 백성이 육체를 구속당하는 노예로 살았던 곳이다. 하나님이 이집트에서 자기 백성을 인도해내시는 중에도, 어떤 사람은 두려워하며 이집트로 돌아가는 것이 낫겠다고 말하기도 했다(민 14:3). 이것은 하나님 신뢰하기를 거부하고 옛 삶의 방식으로 돌아가려는 모습에 대한 영적 상징이다.

"나는 너희를 애굽 땅에서 인도해 내어 그들에게 종된 것을 면하게 한 너희의 하나님 여호와이니라 내가 너희의 멍에의 빗장을 부수고 너희를 바로 서서 걷게 하였느니라" _ 레 26:13

다음 가볼 곳은 약속의 땅이다. 그 지역은 지리적으로 워낙 다양하기 때문에 두 부분으로 나누어 보려고 한다. 이스라엘 북쪽과 남쪽으로 나누어 보겠다.

---

* **로제타석** 1799년에 나폴레옹의 이집트 원정군이 나일강 어귀의 로제타 마을에서 발견한 비석. BC 196년에 고대 이집트의 왕 프톨레마이오스 5세를 위하여 세운 송덕비의 일부로서, 검은 현무암에 이집트어를 적은 신성문자와 속용문자, 그리스어를 적은 그리스 문자가 새겨져 있어 이집트 문자 해독의 열쇠가 되었다.

지중해

시돈

사르밧

헤르몬산 ▲

다마스쿠스

시리아

두로

단 가이사랴 빌립보

빌립의 영지

실루기아

돌레마이
(악고)

고라신

벳새다

나베

가버나움

갈릴리
호수

디온

갈멜산 ▲

가나

아빌라

나사렛

갈릴리

가다라

므깃도

데가볼리

가이사랴

길보아산 ▲

사마리아

거라사

사마리아

세겜 에발산 ▲
▲
그리심산 ▲ 수가

욥바

안디바드리

베레아

에브라임

얌니아

엠마오

여리고

아스돗

쿰란

느보산 ▲

예루살렘

베다니

유대

베들레헴

아스글론

헤브론

유대광야

사해

가사

엔게디

마사다

이두매

브엘세바

©Michael Schmeling, www.aridocean.com

이스라엘 북쪽

개관

이스라엘 서쪽은 지중해와 접경이고, 동쪽으로는 갈릴리 호수, 요단강, 사해 이렇게 세 강과 접경을 이루고 있다.

이스라엘 북쪽은 대략 미국의 뉴저지 주 크기다. 이 지역(갈릴리와 사마리아를 포함하는)은 날씨가 변덕스럽고 풍경이 다채롭다. 이곳의 풍경은 무미건조하고 삭막한 남쪽 지역과 달리 초목이 우거져 있다.

여기서 무슨 일이 있었나

- 구약에서 선지자 엘리야가 갈멜산에서 거짓 선지자 850명과 대결했다(왕상 18:16-40).
- 호세아 선지자는 북이스라엘에 거주하는 사람들에게 하나님께 돌아오라고 경고했다. 이때가 BC 750년경이었는데, 같은 시기에 서쪽으로 2,092킬로미터(1,300마일) 떨어진 곳에 로마가 건립되었다.
- 북이스라엘 왕국은 BC 722년 앗시리아 군대의 침공으로 멸망한다. 이때 앗시리아는 이 점령지에 외국인을 정착시켰는데, 그곳에 살던 유대인들이 그들과 결혼하면서 사마리아인으로 알려진 사람들이 생겨났다.

- 예수님은 나사렛에서 성장하셨는데 북이스라엘에 있는 마을이다.
- 예수님은 갈릴리에서 사역하셨는데, 바로 선지자 이사야가 그곳 사람들에게 "큰 빛"이 비출 거라고 말하던 그곳이다(사 9:1-2; 마 4:13-16). 예수님은 이 지역에 사는 사람들을 가르치셨고, 한 소년의 점심으로 5천 명 넘게 먹이셨다(막 6:33-44). 또 갈릴리 바다에서 폭풍을 잠잠하게 하셨고(막 4:35-41), 바다 위를 걸으셨다(막 6:45-52).

이스라엘에 붙은 이름

성경과 역사 속에서 이스라엘 땅(일부든 전체든)은 여러 이름으로 불렸다.

- 가나안(출 6:4)
- 젖과 꿀이 흐르는 땅(신 6:3)
- 유다(남쪽)와 이스라엘(북쪽)
- 거룩한 땅(시 78:54, 개역개정 성경에는 "성소"로 번역됨)
- 팔레스타인

성경에서 갖는 중요성

● 예수님은 공적 사역을 시작하면서, 오실 메시아에 대한 이사야서의 분명한 예언의 말씀을 나사렛 지역 회당에서 읽으셨다. 그리고 말씀하셨다. "이 글이 오늘 너희 귀에 응하였느니라"(눅 4:21). 성경의 가장 큰 질문은 이것이다. '성경에서 선포한 분이 예수님인가? 그렇다면 우리는 어떻게 반응할 것인가?'

"빌립이 나다나엘을 찾아 이르되 모세가 율법에 기록하였고 여러 선지자가 기록한 그이를 우리가 만났으니 요셉의 아들 나사렛 예수니라" _ 요1:45

이제는 남쪽으로 좀 내려가 이스라엘 남부로 가보겠다. 얼마 떨어지지 않은 곳이지만 환경이 급격하게 달라지는 것을 보게 될 것이다.

> **여기서 잠깐!**
>
> 북이스라엘에 있는 헤르몬산은 겨울철에 눈이 충분히 내려 스키나 스노우보드를 타는 사람에게 안성맞춤이다. 우리가 아는 한 성경인물 중에 여기서 스키를 탄 사람은 없지만 말이다.

나사렛에 있는 점핑산(Jumping Mountain)에서 본 광경

장소	고도	1월 평균 기온 〔최고-최저〕	7월 평균 기온 〔최고-최저〕	연평균 강수량
니느웨(고대 메소포타미아), 지금의 이라크 모술과 가깝다.	223미터 (732피트)	섭씨 12.4-2.2도 (화씨 54-36도)	섭씨 42.9-25도 (화씨 109-77도)	363.6mm (14.3인치)
이집트 카이로	23미터 (75피트)	섭씨 18.9-9도 (화씨 66-48도)	섭씨 34.7-20.1도 (화씨 94-72도)	24.7mm (97인치)
이스라엘 나사렛 (북이스라엘)	347미터 (1,138피트)	섭씨 15-7도 (화씨 59-44도)	섭씨 31-21도 (화씨 88-69도)	580mm (22.8인치)
이스라엘 예루살렘 (남이스라엘)	754미터 (2,474피트)	섭씨 12-9도 (화씨 53-43도)	섭씨 29-19도 (화씨 84-67도)	554.1mm (21.8인치)
터키 이고니온 (고대 소아시아), 지금은 코니아라고 불린다.	1,200미터 (3,900피트)	섭씨 4.8-3.9도 (화씨 40-25도)	섭씨 30.2-16.1도 (화씨 86-61도)	319.7mm (12.6인치)
이탈리아 로마	21미터 (69피트)	섭씨 12-3도 (화씨 53-37도)	섭씨 30-18도 (화씨 86-64도)	804.3mm (31.66인치)
갈릴리 호수 (서부 해안쪽, 디베랴)	-212미터 (-696피트)	섭씨 18-10도 (화씨 65-49도)	섭씨 38-23도 (화씨 100-73도)	431.8mm (17인치)
느보산(현대 요르단)	817미터 (2,680피트)	섭씨 12.3-3.6도 (화씨 54-38도)	섭씨 32-18.5도 (화씨 89-65도)	269.2mm (10.6인치)
유대 광야 (사해 근처, 칼리아)	-360미터 (-1,181피트)	섭씨 20-11도 (화씨 68-53도)	섭씨 38-28도 (화씨 102-83도)	50.8mm (2인치)

이스라엘 남쪽

개관

이스라엘 남부 지역은 대략 사해 남서쪽 지역이다. 눈 덮인 산이 특징인 북쪽 이스라엘과 달리 남쪽 지역은 약 15,799제곱킬로미터(6,100제곱마일)에 달하는 네게브 사막이 주를 이룬다.

요단강

여기서 무슨 일이 있었나

- BC 1406년에 이스라엘 열두 지파가 여호수아의 지휘 아래 여리고에서 가나안을 침략했다. 세 지파가 남쪽에 정착하는데, 열두 지파 중 제일 큰 지파인 유다 지파와 베냐민 지파, 가장 작은 시므온 지파다.
- 솔로몬 왕의 통치 후 이스라엘 왕국은 분열된다(BC 931). 남쪽에 있던 큰 두 지파 유다와 베냐민은 더 큰 지파인 '유다'의 이름을 딴다. 북쪽에 있는 다른 지파들은 '이스라엘'이라는 이름을 취한다.
- 유다 사람들이 바벨론에 포로로 끌려갔다(BC 605-586).
- 예수님은 삶의 대부분을 북이스라엘에서 보내시지만, 예수님 삶에서 주요 사건(태어나고, 세례 받고, 십자가에 못 박히고, 묻히고, 부활하시고, 승천하신)은 이스라엘 남쪽에서 일어나는데, 주로 예루살렘 안팎에서 일어난다.

성경에서 갖는 중요성

- 마리아와 요셉 이야기는 이스라엘 남과 북을 연결한다. 로마의 인구조사를 위해 고향으로 돌아가라는 명령을 받고, 요셉은 임신한 아내를 데리고 초목이 무성한 북쪽 나사렛 집을 떠나 남쪽 베들레헴으로 향한다. 베

여기서 잠깐!

예루살렘은 미국 텍사스 주 엘파소와 같은 위도(북위 31도)에 있다. 서울은 위도 37도에 자리하고 있다. 예루살렘보다 북쪽에 위치한다.

들레헴은 환경이 훨씬 척박했다. 이 129킬로미터(80마일)의 여정은 걸어서 4-5일 걸린다. 마리아와 요셉은 아마도 유대인의 전통대로 사마리아를 통과하지 않고, 동쪽으로 돌아 초목이 무성한 요단 계곡을 지나고 역사적 도시인 여리고를 지났을 것이다. 여리고는 고도가 가장 낮은 곳에 있어서 여행객이 예루살렘까지 가려면 가파른 길을 올라야 했다. 그 경사가 약 1,067미터(3,500피트)에 달한다. 이 정도 경사라면 누구나 기진맥진하는데, 임신 후반부에 있는 여인에게는 더욱 그랬을 것이다. 마리아와 요셉은 여기서 남쪽으로 더 내려가 베들레헴으로 향하는데, 예수님이 그곳에서 태어나신다(눅 2:1-21).

● 스가랴 선지자는 이 지역에서 중요한 사건이 일어날 것을 예언했다. "그 날에 그의 발이 예루살렘 앞 곧 동쪽 감람 산에 서실 것이요 감람 산은 그 한 가운데가 동서로 갈라져 매우 큰 골짜기가 되어서 산 절반은 북으로, 절반은 남으로 옮기고"(슥 14:4).

"또 유대 땅 베들레헴아 너는 유대 고을 중에서 가장 작지 아니하도다 네게서 한 다스리는 자가 나와서 내 백성 이스라엘의 목자가 되리라 하였음이니이다" _ 마 2:6

다음에는 예루살렘에 초점을 맞춰보자. 성경 이야기의 지형적 중심지다.

네게브 사막

예루살렘

개관

세계에서 가장 오래된 도시 중 하나인 예루살렘은 남이스라엘 중심에 위치한다. 사해 서쪽으로 약 24킬로미터(15마일), 지중해 동쪽으로 약 53킬로미터(33마일) 지점이다. 유대교, 기독교, 이슬람 모두 예루살렘을 거룩한 도시로 여긴다.

여기서 무슨 일이 있었나

- 예루살렘에 있는 모리아산에서 아브라함이 사랑하는 아들 이삭을 하나님께 드리려 했다(창 22:1-19).
- 다윗 왕은 예루살렘을 이스라엘 민족의 왕도(royal city)로 세웠다(대상 11:4-8).
- 다윗의 아들 솔로몬은 모리아산 위에 성전을 세웠다(왕상 6-8장).
- 바벨론이 성전을 파괴하고 도시를 불태웠다(왕하 25:9-10).
- 포로에서 돌아온 유대인들은 스룹바벨의 지휘 아래 성전을 재건하고, 그 후 느헤미야의 지도 아래 예루살렘 성벽을 재건했다(스 1-6장; 느 2-6장).
- 예수 그리스도는 예루살렘에서 십자가에 못 박히고 장사되고 부활하셨다.
- 로마 사람들은 반란을 진압하기 위해 예루살렘에서 많은 사람을 학살하고 성전을 파괴했다(AD 70). 성전은 다시 재건되지 못했다.
- 무슬림들은 마호메트가 기적적인 방법으로 밤에 예루살렘을 방문했다가 집으로 돌아오기 전에 하늘로 옮겨졌다고 주장한다(AD 620).

성경에서 갖는 중요성

- 예루살렘은 다윗 왕 시대까지는 '여부스'로 알려지고, 그 후에는 '다윗 성'으로 알려진다(대상 11:7). 여호수아서부터 요한계시록까지 800번 이상 언급될 만큼 성경에서 중요한 장소다.
- 부활 약 6주 후에, 하나님은 유대 명절인 오순절을 지키기 위해 예루살렘에 모여 있던 예수님의 제자들에게 성령을 부어주신다(행 2장). 이것이 교회의 시작이다. 당신이 예수님의 제자라면 다윗 성에서 영적 뿌리를 찾을 수 있다.

"예루살렘아 예루살렘아 선지자들을 죽이고 네게 파송된 자들을 돌로 치는 자여 암탉이 제 새끼를 날개 아래에 모음 같이 내가 너희의 자녀를 모으려 한 일이 몇 번이냐 그러나 너희가 원하지 아니하였도다" _ 눅 13:34

성전산과 바위 사원의 황금빛 돔이 보이는 예루살렘

여기서 잠깐!

고대 도시 예루살렘은 2회 파괴되었고, 50회 이상 공격당했으며, 40회 이상 함락되기를 반복한 것으로 보인다.

다음 목적지는 예수님의 제자들이 복음의 메시지를 들고 여행한 소아시아, 그리스, 로마 지역이다.

시칠리아
아르메니아
페트라
시르타
감메리기아
에데사
시리아
하맛
다마스쿠스
두로
예루살렘
팔루시움
멤피스
이집트
이집트
알렉산드리아
안디옥
알렙포
시리아
다소
갈리디아
트리폴리스
길리기아
가버나움(구브로)
루가오니아
이고니온
밤빌리아
무라
루스드라
베트라
고르세
로도
둘라니아
밧모섬
루가오니아
니고메디아
비두니아
두아디라
서머나
아가이아
아테네(아덴)
그레데(크레타)
그레데(크레타)
카파도기아
구브로
나오바
서가모
사데
에베소
에게 해
리디아
비잔티움
드라기아
밀레도
카레베(구레네)
삼뵤이
코린도
네압보니아
스파르타
데살로니가
구레네
베뢰아
마게도니아
헤파이스도
이아리아
지중해
일루리고
레기온
시라쿠사(수라구사)
일루리곤(달마디아)
아드리아 해
애논
시칠리아
레기온
네압볼리
아드리아 해
아폴로니아
베수비어산
티레니아 해
안디옴
로마
이탈리아

©Michael Schmeling, www.aridocean.com

소아시아

개관

신약에서 아시아는 주로 오늘날 서부 터키로 알려진 지역을 말한다. 우리 지도에 '소아시아'라고 이름 붙어 있는 지역에는 신약에 나오는 아시아, 갈라디아, 갑바도기아, 그리고 다른 많은 작은 지방들이 포함된다. 소아시아는 아시아와 유럽에 걸쳐 있으면서, 북쪽으로는 흑해, 서쪽으로는 에게해, 남쪽으로는 지중해에 둘러싸여 있다. 터키 동부는 산이 많고, 대홍수 이후 노아의 방주가 다다른 아라랏산이 있다.

터키 에베소에 있는 켈수스 도서관

여기서 무슨 일이 있었나

- 사도 바울이 아시아 전역을 여행하면서 복음을 전했다. 사도행전에 기록된 세 번의 선교여행에서 복음을 전했다.
- 이 지역에 많은 교회가 생겨났다. 몇몇 교회는 사도 바울에게 영감 넘치는 편지를 받았다(에베소, 골로새, 갈라디아).
- 요한계시록에서 사도 요한이 언급한 에베소, 서머나, 버가모, 두아디라, 사데, 빌라델비아, 라오디게아 이 일곱 교회는 소아시아에 있다.

성경에서 갖는 중요성

- 로마인들이 정성 들여 만든 공중목욕탕에서 비누를 사용하던 그 시기에(AD 50), 바울은 아시아에 사는 사람들에게 그리스도로 영적 씻음을 받으라고 설파했다(엡 5:26).

> ### 여기서 잠깐!
> 터키 앙카라는 중국의 베이징, 미국 펜실베이니아 주의 필라델피아와 같은 위도에 있다(북위 39도). 북한의 함흥과도 비슷한 위도다.

- 에베소는 소아시아의 퇴폐적인 문화의 표본을 보여주는 곳으로 매춘굴이 허다했고, 로마의 여신 디아나(그리스인들에게는 아르테미스로 알려진) 성전에서는 성교 제례(cult prostitution)가 성행했다. 이곳에서는 막 기독교인 된 사람이 옛 삶의 방식으로 돌아가지 않고 살아가기가 매우 어려웠다.

에베소에서 사도 바울이 사역을 "두 해 동안 이같이 하니 아시아에 사는 자는 유대인이나 헬라인이나 다 주의 말씀을 듣더라" _ 행 19:10

그리스와 로마

개관

서구 문명의 진원지로 불리는 그리스는 유럽 남동부에 위치해 있다. 수천 개의 섬을 포함한 그리스의 영토는 지중해와 에게해까지 이르고, 오늘날 많은 관광객이 모여든다. 1세기 그리스는 상업과 문화의 떠들썩한 중심지였다.

아테네에서 북서쪽으로 1,046킬로미터(약 650마일) 떨어진 로마는 로마 제국의 수도였고, 지구상에서 매우 영향력 있는 도시 중 하나였다. 그곳은 건축이 매우 발전했으나, 종교적 이교신앙의 온상이었다.

여기서 무슨 일이 있었나

- 두 번째 선교여행에서 더는 아시아에서 사역할 수 없게 된 바울과 동료들은, 하나님이 바울을 마게도냐(행 16:6-9)로 부르시는 환상을 받는다. 이를 통해 바울은 그리스에서 광범위하게 사역을 펼치는데, 빌립보, 데살로니가, 베뢰아, 고린도에 교회를 세우고 이를 굳건하게 한다.

고대 로마에서 시민생활의 중심이었던 로마 포럼

- 바울은 제2차 선교여행이 끝날 때, 로마에 있는 교회에 긴 편지를 쓰면서 방문하고 싶은 간절한 마음을 표현했다. 이것이 오늘날 우리 성경에 있는 로마서다.
- 바울은 제3차 선교여행에서 마케도니아와 그리스에 있는 많은 교회를 방문했다.
- 바울은 예루살렘에서 체포되어 결국 로마로 끌려갔다. 바울과 베드로는 네로 황제가 기독교인을 잔인하게 박해하던 AD 60년경 로마 근처에서 순교한 것으로 알려진다.

성경에서 갖는 중요성

- 마가복음(행위, 종 됨, 그리스도의 능력을 강조)은 로마 독자들(많은 이가 노예였다)에게 호소하기 위해 쓰였다. 누가복음은 그리스도의 완전한 인성에 초점을 맞추는데, 이상적인 인간성을 소중히 여기던 그리스인들에게 호소하기 위해 쓰였다.

> **여기서 잠깐!**
>
> 사도 바울 당시에는 세계 인구의 약 25퍼센트가 로마법에 따라 살고 죽었다.

- 사도 바울은 만나는 모든 사람(부자, 가난한 자, 유대인, 이방인, 남자, 여자, 노예, 자유인, 갈 3:28)에게 복음을 전했다. 그러나 동시에 매우 똑똑하고 교육 수준이 높아 막대한 영향력을 휘두르던 사람들과 대화하는 것도 즐겼다.

"나는 할 수 있는 대로 로마에 있는 너희에게도 복음 전하기를 원하노라" _ 롬 1:15

아레오파고스(마스 힐).
아테네에서 바울이
유명한 설교를 한 장소다(행 17장).

이제 특정한 도시와 나라에서 관심을 옮겨 그 안에 있는 물줄기, 산, 사막 같은 지리적으로 특이한 것을 살펴보겠다.

물줄기

개관

중동의 몇몇 지역은 숲이 우거지고 푸르지만 대부분의 지역은 건조하다. 강수량이 적다는 것은 수로와 큰 호수가 부족하다는 의미다. 그 지역 곳곳에 산재해 있는 와디(우기 외에는 물이 흐르지 않는 계곡)는 짧은 우기에만 물이 흐른다.

물줄기	설명	주요 사건
티그리스강	티그리스강은 터키 타우루스 산맥에서 시작해 1,851킬로미터(1,150마일) 남동쪽으로 흘러가는데, 시리아와 이라크를 통과해 바그다드를 거쳐 페르시아만까지 흘러간다.	아브라함은 하나님의 부르심을 따라 티그리스강과 유프라테스강 사이에 있는 비옥한 초승달 모양의 지역을 지나간다(창 12장).
유프라테스강	이 강은 2,800킬로미터(1,740마일)에 걸쳐 티그리스강과 함께 같은 국가를 통과해 흐르다가, 페르시아만 북서쪽에서 티그리스강과 합류한다.	우르와 바벨론이라는 고대 도시가 유프라테스강을 따라 위치해 있었다(렘 51:63-64).
나일강	세계에서 가장 긴 강(6,853킬로미터/4,258마일)인 나일강은 약 12개국을 적시면서 북쪽으로 흐른다.	모세는 아기였을 때 바구니에 담겨 나일강에 띄워졌다. 나일강은 이집트에 대한 하나님의 심판에서 매우 중요한 부분이다(출 2, 7-8장).
홍해	가장 넓은 지점에서 길이가 약 2,253킬로미터(1,400마일), 너비가 322킬로미터(200마일)인 홍해는 이집트의 동쪽 경계를 이룬다.	하나님은 기적적인 방법으로 홍해를 가르시고, 이집트에서 자기 백성을 구해내셨다(출 13-15장).
갈릴리 호수	지상에서 가장 낮은 담수호(해수면 아래 213미터 혹은 약 700피트)인 이 호수는 면적이 약 176제곱킬로미터(68제곱마일)로 워싱턴DC와 거의 같은 크기다.	예수님의 생애에서 많은 사건이 일어난 장소다. 물 위를 걸으신 사건도 포함한다(마 14장). 게네사렛 호수 혹은 디베랴 호라고도 불렸다(눅 5:1; 요 6:1).
요단강	갈릴리 호수를 354킬로미터(220마일) 가로질러 사해로 흘러드는 요단강은 이스라엘의 동쪽 경계를 이룬다.	요단강이 기적적으로 갈라지면서 이스라엘 열두 지파가 약속의 땅으로 들어간다(수 3장). 요한은 여기서 예수님께 세례를 베푼다(마 3:13-17).

물줄기	설명	주요 사건
사해(염해)	이 호수는 길이가 50킬로미터(31마일), 폭이 14킬로미터(9마일)인데 생명체가(미생물을 제외한) 살지 않는다. 바다보다 거의 열 배나 짜서 염해라고 불린다. 수표면은 해수면 아래 427미터(1400피트)가 넘는다.	다윗이 여기서 피난처를 찾는다(삼상 23:29). 예수님 시대 전후로 어느 유대 종교 분파가 오늘날 유명한 사해문서를 쿰란(사해가 내려다보이는 곳)에 숨겼다.
지중해	대해라고도 알려진 지중해는 유럽과 북쪽으로 경계를 이룬다. 동쪽은 터키, 시리아, 레바논, 이스라엘과 접경해 있고, 남쪽으로는 아프리카와 접경해 있다.	요나는 하나님의 부르심을 받지만 지중해에서 배를 타고 도망간다. 바울의 선교여행을 보면 이 바다에서 배를 타고 보낸 시간이 많았다.

성경에서 갖는 중요성

- 예수님이 보여주신 자연을 다스리는 능력(갈릴리 호수에서 폭풍을 잠잠하게 하신 일 같은)은 그분이 진정으로 하나님의 아들임을 확신하게 하는 징표 역할을 한다(막 4:35-41).

여기서 잠깐!

요단강은 폭이 약 27-30미터(90-100피트)이고, 깊이는 3미터(10피트)를 넘지 않는다.

- 목마름은 성경에서 중요하면서도 자주 등장하는 상징인데, 중동 지역이 물이 부족하기 때문이다(시 42:2; 요 4:13-14). 육체적으로 물이 없으면 살 수 없는 것처럼, 영적으로도 그리스도가 주시는 살아있는 물이 없으면 살 수 없다(요 7:37).

갈리리 호수

산

개관

고대 사람들은 산이나 언덕이나 높은 곳을 신을 만나는 최적의 장소로 여겼다. 하늘과 가깝기 때문이다. 사실 성경에 나오는 사람들도 이런저런 산에서 하나님과 중요한 영적 만남이 있었다. 이스라엘에 있는 산 대부분이 그리 높지 않다. 높이가 9킬로미터(3,000피트)를 넘지 않는다.

산	위치	높이	주요 사건
아라랏산	소아시아 (현재 터키)	5,137 킬로미터 (16,854피트)	노아의 방주가 홍수 후 닿은 곳(창 8:4)
시내산 (호렙산)	시나이 반도, 정확한 위치는 미상	미상	모세가 하나님을 만난 곳. 처음에는 불붙은 떨기나무를 통해 만났고, 40년 후에는 이스라엘의 율법을 받고 하나님의 영광을 경험했다(출 3장; 33:6, 19-23).
그리심산과 에발산	북이스라엘/ 사마리아	그리심산: 868미터 (2,849피트) 에발산: 940미터 (3,084피트)	이 두 산에서 복과 저주가 각각 선포되었다(신 11:29). 이곳에 고대 사마리아인들이 성전을 세웠는데(그리심산), 예수님 당시까지도 성스러운 곳으로 여겨졌다(요 4장).
느보산	요단강 동쪽	817미터 (2,680피트)	모세가 죽기 전 하나님이 약속의 땅을 보여주신 곳 (신 34:1-5)
길보아산	북이스라엘	497미터 (1,629피트)	사울과 그의 아들들이 전쟁 중에 죽은 곳(삼상 31:8)
갈멜산	북이스라엘 해안 지역	546미터 (1,791피트)	엘리야 선지자가 바알과 아세라 선지자들과 대결해 이긴 곳(왕상 18:16-40)
모리아산	예루살렘	미상	아브라함이 아들 이삭을 바치려 한 곳(창 22장). 솔로몬 성전이 있던 곳(대하 3:1). 오늘날에는 바위 돔 이슬람 사원이 있다.

산	위치	높이	주요 사건
헤르몬산	현재 시리아와 레바논 사이	2,814미터 (9,232피트)	아마 그리스도의 모습이 변형된 곳일 것이다(영광으로 빛나는 모습, 시 42:6; 133:3; 막 9:1-9절 참조). 눈으로 덮여 있어 지금은 스키로 유명하다. 그 지역에서 가장 높은 산이다.
시온산	동쪽 언덕/ 예루살렘에서 높은 장소	765미터 (2,510피트)	하나님의 영광과 호의를 시적으로 함축하기 위해 종종 사용된다(시 48:11; 계 14:1).
올리브산 (감람산)	예루살렘	826미터 (2,710피트)	예수님과 제자들이 가장 즐겨 가던 곳이다(마 21:1; 눅 21:37). 예수님이 하늘로 승천하신 곳(행 1:9-12)

성경에서 갖는 중요성

● 산은 시야를 확보해 주고 사람도 보호해 준다. 시편 기자는 이렇게 노래했다. "산들이 예루살렘을 두름과 같이 여호와께서 그의 백성을 지금부터 영원까지 두르시리로다"(시 125:2).

● 하늘로 뻗은 거대한 산봉우리의 웅장함은 우리에게 창조주를 바라보게 한다(사 2:2) 당신 스스로 순례자의 기도(예루살렘에 가까워지면서 드렸던 기도)를 드려보라.

"내가 산을 향하여 눈을 들리라 나의 도움이 어디서 올까" _ 시 121:1

습한 지역과 높은 지대를 살펴보았으니, 이제는 건조한 장소로 초점을 옮겨보겠다.

이집트 시나이

사막

개관

성경에 나오는 사막은 여느 사막과 비슷하다. 무미건조하고 매력 없고 황량하다. 예를 들면, 오늘날 이스라엘의 반 이상을 차지하는 네게브 사막은 산과 협곡과 분화구가 있는 삭막한 환경이다. 어떤 지역에서는 모래 언덕이 30미터(100피트)에 이른다. 네게브 사막에는 비가 거의 내리지 않고[연중 254밀리미터(10인치 미만)], 기온은 여름에 최고 37.8도(화씨 100도)까지 올라간다. 겨울철 온도는 5-15도(화씨 40-50도 대)를 왔다갔다 한다.

여기서 잠깐!

시내 광야는 대략 59,570제곱킬로미터(23,000제곱마일)로 거의 미국의 서버지니아 주 크기다.

사막	주요 사건
술 광야	하나님이 하갈에게 사래(사라)에게 돌아가라고 말씀하신 곳(창 16:7-9)
바란 광야	하갈이 이스마엘에게 이집트인 아내를 얻어주었을 때 이스마엘이 거주하던 곳(창 21:21)
브엘세바 광야	아브라함이 하갈을 내보냈을 때 하갈이 갔던 곳(창 21:14) 엘리야가 도망가서 죽기를 원했던 곳(왕상 19:3-4)
신(Sin) 광야	이스라엘 백성이 불평하자 하나님이 만나와 메추라기를 주신 곳(출 16:1-31)
시내 광야	하나님이 모세에게 십계명을 주신 곳(출 19-20장)
신(Zin) 광야	모세의 누이 미리암이 죽은 곳(민 20:1) 하나님이 바위에서 물을 주신 곳(민 27:14)
십 광야	다윗이 사울 왕을 피해 숨은 곳(삼상 23:14-15)
엔게디 광야	다윗이 사울 왕을 피해 숨은 다른 곳(삼상 24:1)
에돔 광야	이스라엘과 유다가 모압과 싸운 곳(왕하 3:6-8)
유대 광야	세례 요한이 사역을 시작한 곳(마 3장) 예수님이 금식하며 40일을 보낸 곳으로 추정(마 4장)

사람이 살기에 부적합해 보이지만 아브라함은 이곳에서 많은 시간을 보냈고, 다윗도 사울 왕을 피해 네게브로 도망쳤다.

성경에서 갖는 중요성

- 예수님은 요단에서 세례를 받으신 후, 광야에서 40일간 시험을 받으신다(마 3:13-4:11). 구약 이스라엘 백성은 홍해를 건너 광야로 들어왔을 때 하나님을 신뢰하고 순종하는 데 실패하지만(출 14-17장), 예수님은 그곳에서 성공하신다. 예수님은 자신이 진정한 하나님의 종임을 보여주신다.
- 성경에서 사막은 종종 하나님의 백성이 시련과 시험을 견디는 장소다. 오늘날 우리에게 '사막' 경험은 은유적일지 모르지만, 그래도 여전히 하나님이 우리 영혼에 필요한 것을 공급하시리라 믿는 기회를 제공한다.

"여호와께서 그들을 사막으로 통과하게 하시던 때에 그들이 목마르지 아니하게 하시되 그들을 위하여 바위에서 물이 흘러나게 하시며 바위를 쪼개사 물이 솟아나게 하셨느니라" _ 사 48:21

성경에 나오는 지형을 어느 정도 살펴보았으니 이제는 다음 전시관으로 가보자. 그곳에서는 성경 이야기를 전체적으로 보면서 성경역사를 살펴볼 것이다.

유대 광야

SELF-GUIDED TOUR OF THE BIBLE

Chapter 3

줄거리 파악하기
성경 역사 연대표

전시관 5
내용 탐험하기:
성경의 책 구분

전시관 7
점 잇기:
성경 전반에 드러나는
예수님

전시관 4
인물 만나기:
성경 속 인물

전시관 8
미래 엿보기:
천국, 지옥
그리고 영원

전시관 6
성경의 핵심에 다가가기:
예수님의 삶과 가르침

전시관 3
줄거리 파악하기:
성경 역사 연대표

현 위치

전시관 9
내용 요약하기:
성경의 주요 주제

전시관 2
주위 살피기:
기본적인 성경 지형

전시관 1
뛰어들기:
빠르게 성경 훑어보기

성경을 처음 읽는 경우라면, 성경에 명령조항과 금지조항이 너무 많다는 것을 알고는 깜짝 놀랄 것이다. 성경에 교훈적인 내용이 많은 건 사실이다. 또 시적이고 예언적인 글도 있다. 그러나 성경 대부분은 서사문학(narrative literature)이다. 서사란 사람과 그들의 삶을 통해 메시지를 전달하기 위해 들려주는 이야기다. 서사는 행동이다. 즉, 이런 일이 일어났고, 그다음 이런 일이 일어났고, 그다음 이런 일이 일어났고….

요점은 성경 대부분이 이야기라는 것이다. 작은 이야기들로 구성된 하나의 커다란 이야기다. 실은 성경은 하나님의 이야기다. 성경은 실제 진짜 세상의 이야기이고 또 우리의 이야기다. 하나님이 어떻게 창조하시고, 보존하시고, 자신이 만든 사람들에게 개입하시는지에 대한 이야기라고도 할 수 있다. 이것이 중요한 이유가 여기 있다. 이 역사가 함축하는 바를 정말로 이해한다면, 우리 삶은 완전히 달라질 것이다.

이 책에서 우리는 성경을 아홉 개의 독립된 전시관으로 이루어진 거대한 박물관으로 상상하고 있다. 제1전시관(1장)은 성경이 영감을 받아 기록된 신뢰할 만한 하나님의 계시임을 주장하는 데 초점을 맞춘다. 제2전시관(2장)은 기본적인 성경 지형에 대해 간략하게 개요를 제공한다. 이를 통해 그 땅의 지형을 이해할 수 있다.

이번 전시관에서는 성경의 기본적인 이야기에 대해 확실히 이해하고 넘어가려고 한다. 어떤 중요한 역사적 사건이 있고 언제 일어났는지, 모든 것을 연대순으로 살펴볼 것이다.

사람들이 잘 모르는 비밀

성경을 곧바로 읽으려고 하면 대부분의 사람이 혼란스러워한다. 한 가지 아주 중요한 사실을 모르기 때문이다. 한 가지 중요한 사실이란, 성경 이야기는 창세기에서 시작해 연대기 순으로 이어지는 것이 아니라는 것이다. 또 성경 66권이 연속적으로 이어져 요한계시록 마지막 페이지에서 끝나는 것이 아니라는 것이다.

사실 성경의 핵심적인 이야기는 성경 66권 중 22권(역사서)에서만 발견된다. 이야기가 역사서에서 발견되는 것은 당연하지 않은가? 성경이 어떻게 구성되었는지 알아야(신구약 두 개의 서약으로 되어 있고 다양한 범주로 나뉜다는 것) 정말로 이해되기 시작한다.

서약	범주	책	책 수
구약	역사서(율법 포함)	창세기부터 에스더까지	17
	시가서/지혜서	욥기부터 아가서까지	5
	예언서	이사야부터 말라기까지	17
신약	역사	마태복음부터 사도행전까지	5
	서신서(편지)	로마서부터 유다서까지	21
	예언서(묵시)	요한계시록	1
		총	66

성경 66권은 구약과 신약으로 나뉜다.

- 구약 39권은 예수님 탄생 전에 쓰였다.
- 신약 27권은 예수님 탄생 후에 쓰였다.

이 두 서약(testaments, 언약)은 역사적 시간의 차이 그 이상의 의미를 지닌다. 이 서약은 하나님이 자기 백성과 관계 맺는 방법을 구분한다.

- 구약에서, 하나님은 선지자와 예언자를 통해 자신을 드러내신다. 그리고 예배는 주로 성전 안에서 행해진다. 구약의 각 책은 오실 메시야(예수)를 고대하며 가리킨다.
- 신약에서, 하나님께 다가가는 것이 예수님을 통해 모든 이에게 가능해졌다. 믿는 자의 마음이 성전이 되고 하나님이 거하시는 장소가 된다.

신약이든 구약이든 이러한 차이를 염두에 두고 읽어야 한다.

구약의 역사서 17개와 신약의 역사서 5개(4복음서와 사도행전)를 합하면 총 22개의 역사서가 된다. 주로 여기서 성경의 기본적인 이야기를 읽게 된다.

그러면 나머지 44권은 어떤가? 시가서, 지혜서, 예언서, 서신서가 전부인가? 그 책들이 하는 역할은 무엇인가? 이 책들은 그 이야기를 보완하고, 필수적이지만 잘 드러나지 않은 세부사항을 알려준다. 이 책들도 영감 있고 매우 중요하다. 이 책들이 그 이야기를 살아나게 한다. 그 이야기 속 다양한 지점에서 신적 행동에 대한 인간의 반응을 보여주거나 제시한다.

다음 도표는 그 나머지 44권이 22권의 역사서가 말해 주는 성경 이야기에서 어떻게 또 어디서 들어맞는지를 보여준다.

보이는가? 그저 성경의 기본적인 이야기를 알고 싶다면, 왼쪽 부분에 있는 역사서 22권이 말해 줄 것이다.

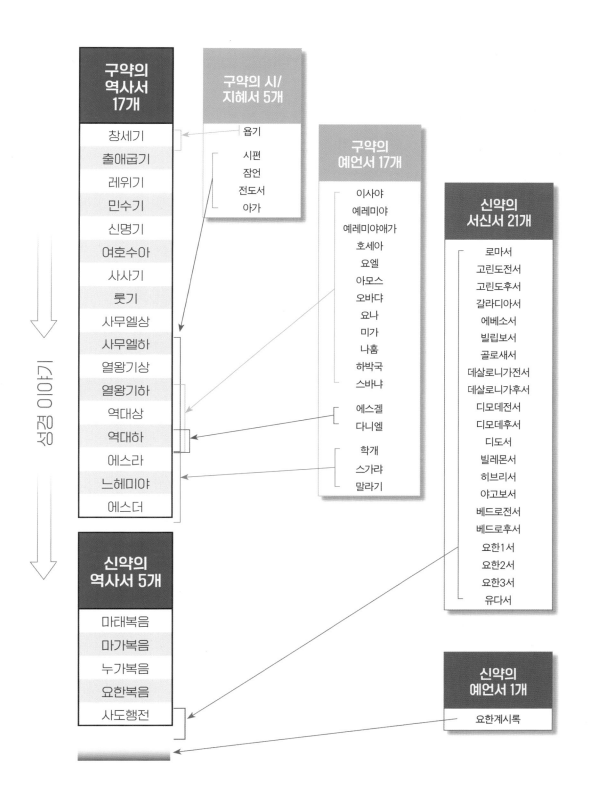

여행에 비유한다면, 역사서 22권은 성경에 놓인 고속도로와 같다. 나머지 44권은 잘 알려지지 않은 풍경 좋은 장소나 놓치지 말아야 할 매력적인 장소로 이끄는 샛길과 같다. 이 44권으로 인해 여행이 더 다채롭고 아름답고 감탄할 만한 것이 된다.

자, 이제 성경의 다른 책들이 어떻게 서로 들어맞는지, 그리고 성경 이야기가 어디서 발견되는지 알아보았으니, 그 이야기가 정확히 어떤 것인지 알아볼 차례다.

"무엇이든지 전에 기록된 바는 우리의 교훈을
위하여 기록된 것이니 우리로 하여금 인내로
또는 성경의 위로로 소망을 가지게 함이니라"
_롬 15:4

최고의 이야기

많이 움직이는 걸 좋아하는가? 하나님의 위대한 이야기의 핵심을 빨리 알고 싶은가? 성경을 처음 읽는 사람도 아래 순서대로 읽으면 계속해서 읽을 수 있을 것이다.

- **창세기** 인간, 죄, 그리고 세상을 구원하시는 하나님의 계획이 시작되는 것을 배운다.

- **출애굽기 1-20장** 하나님께서 택한 백성이 노예 상태에서 어떻게 벗어나는지 알게 된다.

- **민수기 10-25장** 이스라엘의 두려움과 불신, 그리고 그에 따른 비극적인 결과에 대해 알게 된다.

- **여호수아** 모세가 마침내 그 백성을 약속의 땅으로 인도하는 과정을 알게 된다.

- **사사기** 이스라엘 백성이 하나님에게서 멀어지고, 적들의 손에서 고통받고, 다시 하나님께 돌아가고, 하나님이 보내신 지도자들을 통해 구원을 경험하는 일이 반복됨을 보게 된다.

- **사무엘상하** 사울 왕이 세워졌다 몰락하는 모습과 선지자 사무엘이 살아있을 때 다윗 왕이 세워지는 것을 보게 된다.

- **열왕기상하** 솔로몬(다윗의 아들)에 대해 알게 되고, 이스라엘이 두 왕국으로 분열하고, 한 왕국은 앗시리아에게 망하고 또 다른 왕국은 바벨론에 포로로 끌려가며 패망하는 것을 보게 된다.

- **누가복음 1-2장, 마태복음 1-2장, 마가복음** 사복음서를 다 읽어보면 좋겠지만, 일단은 이 부분만 읽어도 그리스도의 삶에 대해 잘 알게 된다.

- **사도행전** 초대교회가 생겨나고, 복음이 예루살렘을 시작으로 바울과 다른 사도들을 통해 이방(비유대) 세계에 전파되는 것을 보게 된다.

- **요한계시록** 원래는 역사서가 아니라 예언서지만, 요한이 본 서사적인 종말의 환상은 미래를 엿보게 하고, 예수님이 악에 대해 궁극적으로 승리하는 것을 보여준다.

기본적인 성경 이야기

하나님이 창조하시다 ▶
연대 미상
창세기 1-2장

하나님이 세상을
창조하시고 아담과
하와를 에덴동산에
두신다.

인간이 죄를 짓다 ▶
연대 미상
창세기 3장

아담과 하와가 금지된 열매를
먹고 세상을 죄에 빠뜨린다.

세상에 홍수가 일어나다 ▶
연대 미상
창세기 6-9장

인류가 악해진다. 오직 노아와 그 가족만
엄청난 홍수의 대재앙적 심판에서
살아남는다.

하나님이 구원하시다 ▶
BC 1446
출애굽기-레위기

모세가 노예생활을 하던 이스라엘을
애굽에서 나오게 해 시내산으로
이끈다. 이곳에서 하나님 백성으로서의
헌장으로 십계명과 다른 율법을 받는다.

이스라엘이 방황하다 ▶
BC 1446-1406
민수기-신명기

불신과 불복종으로 이스라엘
백성은 가나안 남쪽 광야에서
40년간 방황한다.

하나님이 축복하시다 ▶
BC 1406-1350
여호수아

여호수아가 이스라엘
백성을 이끌고 정복전쟁을
치른 후 가나안에 정착한다.

이스라엘이 패배하다 ▶
BC 722
열왕기하 17장

예언자의 경고를 무시하자
앗시리아 제국이
북이스라엘을 정복한다.
사람들은 도망가거나
죽거나 강제로 이주당한다.

유다가 포로로 끌려가다 ▶
BC 586
열왕기하 18-25
역대하 36장

하나님은 더 많은 선지자를 보내
자기 백성에게 경고하신다. 그러나
선지자들의 말을 무시하자 바벨론
제국이 남유다 왕국을 정복한다.

유대인들이 돌아오다 ▶
BC 538-430
에스라-에스더

스룹바벨, 에스라, 마지막으로
느헤미야가 바벨론에 있는 많은
유대인이 이주하도록 돕는다. 그들은
성전과 예루살렘 성벽을 재건한다.

모든 시기는 대략적이다.

나라들이 일어나다

연대 미상
창세기 10-11장

하나님은 바벨탑에서 사람들의 말을 다르게 함으로써 점점 늘어나던 인간을 흩으신다.

하나님이 선택하시다

BC 2100
창세기 12-36장

하나님은 아브라함을 선택해 열국의 아버지가 되게 하시고, 그의 자손을 통해 세상이 복을 받을 거라 약속하신다.

하나님이 머물게 하시다

BC 1876
창세기 37-50장

오랜 기근으로 아브라함의 손자 야곱(이스라엘이라고 알려진)과 그의 가족이 애굽으로 간다. 그곳에서 그들의 자손이 약 400년간 머문다.

사사들이 해결하다

BC 1350-1051
사사기-룻기

군대 지휘관과 흡사한 역할을 하던 사사들이 그 나라를 구하고 인도한다.

왕이 다스리다

BC 1051-931
사무엘상하-열왕기상 11장
역대상-역대하 9장

이스라엘 백성이 왕을 열망한다. 그들은 사울 왕, 다윗 왕, 그리고 다윗의 아들 솔로몬을 왕으로 맞이한다.

왕국이 분열하다

BC 931-722
열왕기상12장-열왕기하 17장
역대하 10-35장

불화로 인해 왕국이 북이스라엘과 남유다로 분열한다. 하나님의 백성은 선지자들이 심판을 경고하는데도 우상숭배에 빠진다.

이스라엘이 메시야를 기다리다

BC 430-4

구약과 신약 중간기에 이스라엘은 완전히 다른 민족의 통치를 받으며 쇠약해진다.

메시야가 오시다

BC 4-AD 30
마태복음-요한복음

오랫동안 기다리던 메시아 예수님이 베들레헴에서 태어나신다. 그 후 우리에게는 잘 알려지지 않은 30년을 보내시고, 열두 제자를 선택해 훈련하신다. 가르치시고, 기적을 행하시고, 사람들을 고치시고, 사람들에게 하나님의 사랑을 보여주신다. 예수님은 희생적으로 십자가에서 죽으시고, 3일 만에 죽은 자 가운데서 살아나셔서, 은혜로 믿음을 통해 하나님 아버지께 나아갈 길을 열어주시고, 그런 다음 승천하신다.

복음이 전파되다

AD 30-96
사도행전

주로 베드로와 바울이 이끌던 예수님의 제자들은 예수님에 대한 복음을 전파하는데, 그분이 모든 것을 회복하기 위해 다시 오실 것을 주장한다. 신약성경은 요한계시록이 마지막인데, 1세기 말엽에 쓰였다.

시대와 주제별로 묶어, 연대기 순으로 정리한 도표다.

시대	주제	책
태초 (미상-BC 1805)	하나님과 인간에 대한 소개	창세기, 욥기
율법 (BC 1446-1406)	히브리 민족이 광야에서 방황할 때 주어진 율법	출애굽기, 레위기, 민수기, 신명기
초기 히브리 역사 (BC 1406-1051)	약속의 땅을 정복하고 사사들이 통치	여호수아, 사사기, 룻기
후기 히브리 역사와 초기 예언자들 (BC 1051-586)	왕이 이끄는 나라: 영적 전쟁, 결국에는 백성의 포로 생활	사무엘상하, 열왕기상하, 역대상하, 시편, 잠언, 전도서, 아가, 이사야, 예레미야, 예레미야애가, 호세아, 아모스, 요나, 미가, 나훔, 하박국, 스바냐
후기 예언자들 (BC 586-430)	포로로 끌려가고 나중에 일부가 약속의 땅으로 귀환	에스라, 느헤미야, 에스더, 에스겔, 다니엘, 요엘, 오바댜, 학개, 스가랴, 말라기
예수님 (BC 4-AD 30)	예수님에 관한 복음(좋은 소식)	마태복음, 마가복음, 누가복음, 요한복음
초대교회 (AD 30-96)	교회의 수적 · 지리적 · 영적 성장	사도행전, 로마서, 고린도전후서, 갈라디아서, 에베소서, 빌립보서, 골로새서, 데살로니가전후서, 디모데전후서, 디도서, 빌레몬서, 히브리서, 야고보서, 베드로전후서, 요한 1,2,3서, 유다서, 요한계시록

모든 시기는 대략적이다.

성경의 구조를 파악하고 나면, 성경의 핵심적인 이야기를 더 분명히 이해하게 된다. 그리고 그 이야기가 아직도 전개되고 있음을 알면 새로운 목적의식을 갖게 된다. 우리는 사도행전에 자세히 소개된 마지막 사건들과 요한계시록에 묘사된 미래의 사건들 사이 어딘가에 있다. 이것은 우리가 독자 이상임을 의미한다. 우리는 위대한 하나님의 드라마에 나오는 등장인물이다!

- 아브라함과 욥은 같은 시기에 살았을 것이다.

- 출애굽기 19장부터 레위기까지, 이스라엘 백성은 시내산에 머물며 하나님의 율법과 성막(일종의 '여행용 예배 처소') 짓는 계획을 듣는다.

- 신명기에서 이스라엘은 모압에 모이는데, 요단강만 건너면 약속의 땅 가나안이다. 신명기에 나오는 유일한 '행동'은, 모세가 젊은 세대에게 그들의 부모 세대가 시내산에서 하나님께 받은 율법과 언약을 상기시켜준 것이다.

- 역대상하는 사무엘상하와 열왕기상하에 나오는 이야기 중 많은 부분을 다시 말한다. 역대기는 다윗 왕과 남유다 왕국에 대해 '제사장의 입장에서 편집한' 책이다.

- 에스겔과 다니엘은 하나님의 백성이 포로로 잡혀갈 때 예언했다.

- 유대인들이 포로에서 풀려나 고향으로 돌아오자 마지막 세 예언자 학개, 스가랴, 말라기가 등장한다.

- 구약과 신약 사이에 약 400년간의 공백기가 있다.

- 신약은 예수님의 전기를 기록한 네 사람의 이름을 딴 마태복음, 마가복음, 누가복음, 요한복음으로 시작한다. 이 네 책은 복음서라고 불리는데 '좋은 소식' 이라는 의미다.

- 신약의 다섯 번째 역사서는 사도행전인데, 최초의 기독교인들에 대해 말해 준다. 누가가 기록했는데, 누가복음이 끝나는 곳에서 시작한다.

- 신약의 편지(서신서) 대부분은 사도행전이 보여주는 시기 또는 그보다 조금 후에 기록되었다.

다음은 성경 역사를 같은 시기 일어난 세계사의 사건들 속에 놓고, 그 이해의 폭을 넓혀보려고 한다. 다음 연대표를 보자.

한눈에 보는 성경 속 사건과 세계사

창세기, 욥기

BC 2100	BC 2000	BC 1900	BC 1800

**아브라함 이전 사건은
연대가 알려져 있지 않다.**

« 하나님이 세상을
창조하시고, 아담과
하와를 만드신다.

« 노아의 방주, 홍수

« 바벨탑 건축

성경의 사건

세상의 사건

« 최초의 기록 형태(설형문자),
메소포타미아, 약 3200

« 스톤헨지가 세워짐,
영국, 약 3000

« 고대 왕국의 피라미드가
세워짐, 이집트,
약 2700－2200

아브라함, 약 2166-1991

욥(연대 미상)

이삭, 약 2066-1886

야곱, 약 2005-1859

요셉, 약 1914-1805

• 야곱과 가족이
이집트로 떠난다
(약 1876).

열한 번째와 열두 번째 왕조, 이집트 대략 2050-1800

• 지구라트가 세워짐, 우르, 약 2100

**함무라비가 다스림, 바벨론
약 1792-1750**

이라크 낫시리아 근처 우르에
지구라트가 재건축됨

이집트 상형문자

BC 2100	BC 2000	BC 1900	BC 1800

| BC 1700 | BC 1600 | BC 1500 | BC 1400 | BC 1300 |

히브리인들(이스라엘 민족)이 이집트에 거주, 약 1876-1446

사사 시대 ≫

모세, 약 1526-1406

십계명

- 첫 유월절, 출애굽, 약 1446

- 십계명, 성막, 약 1446

이스라엘 민족이 광야에서 방황하다,
약 1446-1406

- 여호수아가 이스라엘을 가나안으로 이끌다,
  약 1406
- 라합이 정탐꾼을 돕다, 약 1406

어떤 학자들은 출애굽을 BC 1290년으로 본다. 사사 시대는 그 후 BC 1130년경 시작된다.

- 상 왕조 시작,
  중국, 약 1600

- 히타이트 족이
  바벨론을 약탈하다,
  1595

용공(Dragon Gong),
상나라, BC 12

- 18대 왕조 시작,
  이집트 1570

투탕카멘(King Tut),
이집트, 약 1333-1323

람세스 1세,
이집트 1318-1317

투탕카멘의 죽음의 가면(Death Mask)

| BC 1700 | BC 1600 | BC 1500 | BC 1400 | BC 1300 |

한눈에 보는 성경 속 사건과 세계사

여호수아, 사사기, 룻기	사무엘상~역대하

BC 1300   BC 1200   BC 1100   BC 1000   BC 900

이스라엘(북왕국)과•
유다(남왕국)로 국가 분열 931

≫ 사사 시대(드보라, 기드온, 삼손, 기타) 대략 1350-1051

룻(연대 미상)

실로의 제사장 엘리, 약 1100-1060

이스라엘의 사사이자 선지자 사무엘,
약 1060-1020
이스라엘 1대 왕 사울, 약 1051-1011

다윗 왕, 약 1011-971

선지자 나단, 약 990-957

솔로몬 왕,
약 971-931
• 예루살렘에 첫 성전이
세워짐. 960

엘리야,
약 870-845

성경의 사건

King David

세상의 사건

* 왕은 통치 연대순으로 나열

• 마야 왕조가 세워짐.
중앙아메리카 약 1000

람세스 2세, 이집트 1304-1237

메르넵타 왕: 그의 승전비에
성경 밖 역사에서 처음으로
이스라엘을 언급,
이집트 1237-1227

• 철기 시대 시작:
히타이트 제국 몰락,
약 1200

• 트로이 전쟁 시작,
소아시아(오늘날
터키), 약 1190

• 이집트 세력이
기울기 시작,
약 1164

• 주나라 시작, 중국,
약 1150

**두로 왕 히람,
약 978-944**

과테말라의 마야 신전에 있는
그랑 재규어

© William Cushman/Shutterstock.com

**파라오 시삭
(셰송크) 1세,
이집트 945-92**

BC 1300   BC 1200   BC 1100   BC 1000   BC 900

BC 800	BC 700	BC 600	BC 500	BC 400	

북왕국 이스라엘

남왕국 유다

말라기 대략 400년대(연대 미상)

요엘(연대 미상)

엘리사, 약, 845-800

요나, 약 783-753

아모스, 약 760-753

이사야, 약 760-673

호세아, 약 752-722

미가, 약 738-698

• 북왕국 이스라엘이 앗시리아에 패망, 722

나훔, 약 663-612

스바냐, 약 641-628

예레미야, 약 626-582

에스겔, 약 620-570

하박국, 약 609-598

다니엘, 약 605-535

• 오바댜, 약 586

• 유다가 바벨론에 패망. 성전과 예루살렘이
  파괴되고, 사람들이 포로로 끌려가다, 586

• 페르시아 고레스 황제가 유대인들이 유다로
  돌아갈 것을 허락하다, 538

• 예루살렘에서 성전 재건이 시작되다,
  536

• 학개, 약 520

스가랴, 약 520-518

• 스룹바벨과 대제사장 여호수아가
  사람들을 이끌어 성전 재건을
  완성한다, 516

• 페르시아의 에스더 여왕,
  약 478

• 에스라가 유다로
  간다, 457

느헤미야가 유다를
다스린다. 444-432
느헤미야가 바벨론으로
돌아간다. 약 432-430

IEREMIA

예레미야

* 예언자는 예언한 연대순으로 나열

그리스 시인 호머, 약 800-701

• 처음 기록된 올림픽 경기,
  그리스 776

• 로마 건립, 753

인도 고타마 붓다, 약 563-483

• 이솝 우화, 약 560

고레스 황제, 페르시아 559-530

철학자 공자, 중국 551-479

• 바벨론이 페르시아에 패망, 539

• 로마 제국 건립, 509

아테네 지도자 페리클레스
그리스, 약 500-429

크세르크세스 1세(아하수에로 왕),
페르시아 485-465

아닥사스다 왕,
페르시아 464-424

공자

앗시리아가 이집트를
다스리다, 671-652

• 앗시리아 수도 니느웨가 바벨론과
  메데에 함락되다, 612

바벨론 모자이크

BC 800	BC 700	BC 600	BC 500	BC 400	

한눈에 보는 성경 속 사건과 세계사

BC 400	BC 300	BC 200	BC 100	AD 1	AD 10	AD 20	AD 30

성경 66권 중 이 시기에
해당하는 책은 없다.

예수님이 요단강에서 세례 요한에게 •
세례를 받으심, 약 26

세례 요한의 탄생(부모는 스가랴와 •
엘리사벳), 약 5

예루살렘에서 예수님이 십자가에서 •
죽으시고 부활하심, 약 30

베들레헴에서 예수님 탄생(부모는 요셉과 •
마리아), 약 4

부활하신 예수님이 열두 제자와 많은 다른 사람에게 •
나타나시고 하늘로 승천하심, 약 30

제자들이 오순절 기간에 •
성령을 받음, 약 30

스데반이 예루살렘에서 •
순교함, 약 32

바울이 다메섹으로 가던
도중 회심함, 37

성경의 사건

세상의 사건

• 플라톤이 『국가론』을 씀,
약 370

유대 왕 헤롯 대왕, BC 37-AD 4

알렉산더 대왕이
알렉산드로스 제국을 건설,
336-323

아우구스투스 황제가 로마 제국을 다스림, BC 27-AD 14

헤롯 안티파스가 갈릴리를 다스림, BC 4-AD 39

70인역(히브리 성경을 •
그리스어로 번역한 것),
약 255

사해사본(히브리 성경 복사본)이 기록, 약 BC 200-AD 100

• 안티오구스 4세 에피타네스가
유대 종교를 말살하려 하다, 175

예루살렘 대제사장 가야바,
18-36

마카비 혁명과 하스몬 왕조 166-63

• 예루살렘 성전이 다시 헌정되다(하누카), 약 164

본디오 빌라도가
유대를 통치,
26-36

스파르타쿠스가 노예 반란을 이끌다, 73-71

• 폼페이 장군이 예루살렘을 함락한 후
로마가 유대를 통치하다, 63

클레오파트라 7세가 이집트를
통치하다, 51-31

하누카 메노라

아우구스투스 황제

BC 400	BC 300	BC 200	BC 100	AD 1	AD 10	AD 20	AD 30

사도행전

AD 40	AD 50	AD 60	AD 70	AD 80	AD 90	AD 100

복음이 최초로 비유대인(이방인)에게 전해짐, 40

• 야고보 사도(세베대의 아들)의
순교, 약 44

바울의 첫번째 선교여행,
바나바와 마가가 동행,
약 47-49

• 예루살렘 공의회, 약 49

• 서신서 야고보서와
갈라디아서 기록, 약 49

• 유대인이 로마에서 추방당함, 49

바울의 두 번째 선교여행, 약 49-51

데살로니가전후서 기록, 약 50-52

바울의 세 번째 선교여행, 약 52-57

고린도전후서와 로마서 기록, 약 55-57

바울이 로마로 가고, 로마에서
가택연금을 당하다, 57-62

에베소서, 빌립보서, 골로새서, 빌레몬서 기록, 약 60-62

디모데전후서, 디도서, 베드로전후서 기록, 약 62-67

• 네로 황제가 기독교인을 박해하던 시기
베드로와 바울이 로마에서 순교하다,
약 64-68(성경에는 기록되어 있지 않음)

유다서 기록, 60년대-80년대(연대 미상)

히브리서 기록, 약 67-69

사도 요한이 밧모섬으로
유배 가다, 약 85-96

요한1,2,3서 기록,
약 85-96

요한계시록 기록,
약 85-96

유대인 역사가 요세푸스, 약 37-100

네로 황제, 로마 54-68

로마에 화재 발생: 네로 황제가 그리스도인들의 탓으로
돌리고 박해를 시작하다, 64-68

첫번째 유대인 봉기 66-73

• 쿰란이 파괴되다(이곳에 살던 사람들이 사해사본을
보관하고 있던 것으로 추정), 68

• 로마인들이 예루살렘과 성전을 파괴하다, 70

• 로마 식민지에서 건축이
시작되다, 약 71

• 베수비오 산이 화산 분출, 79

도미티아누스 황제 81-96

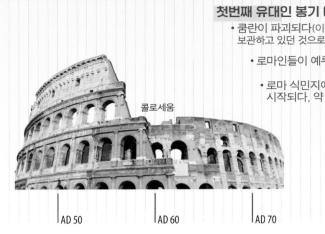

콜로세움

AD 40	AD 50	AD 60	AD 70	AD 80	AD 90	AD 100

이스라엘과 유다의 왕

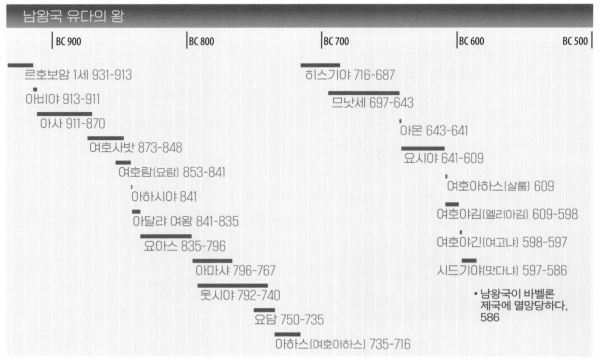

북왕국 이스라엘의 왕

| BC 900 | BC 800 | BC 700 | BC 600 | BC 500 |

여로보암 1세 931-910

나답 910-909

바아샤 909-886

엘라 886-885

시므리 885

티브니 885-880

오므리 885-874

아합 874-853

아하시야 853-852

요람(여호람) 852-841

예후 841-814

여호아하스 814-798

요아스 798-792

여로보암 2세 793-753

스가랴 753

살룸 752

므나헴 752-742

베가 752-732

브가히야 742-740

호세아 732-722

• 북왕국이 앗시리아 제국에
멸망당하다, 722

남왕국 유다의 왕

| BC 900 | BC 800 | BC 700 | BC 600 | BC 500 |

르호보암 1세 931-913

아비야 913-911

아사 911-870

여호사밧 873-848

여호람(요람) 853-841

아하시야 841

아달랴 여왕 841-835

요아스 835-796

아마샤 796-767

웃시야 792-740

요담 750-735

아하스(여호아하스) 735-716

히스기야 716-687

므낫세 697-643

아몬 643-641

요시야 641-609

여호아하스(살룸) 609

여호야김(엘리아김) 609-598

여호야긴(여고냐) 598-597

시드기야(맛다냐) 597-586

• 남왕국이 바벨론
제국에 멸망당하다,
586

"주 하나님이 이르시되 나는 알파와 오메가라
이제도 있고 전에도 있었고 장차 올 자요 전능한 자라 하시더라"

_ 계 1:8

SELF-GUIDED TOUR OF THE BIBLE

Chapter 4

인물 만나기
성경 속 인물

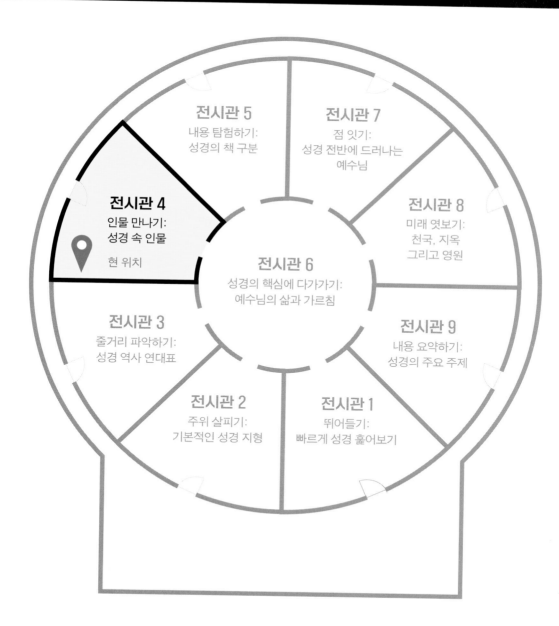

성경에는 이름이 3천 개 이상 나오는데(이름이 없는 인물도 많이 나온다), 이 때문에 성경을 읽는 사람들이 곧잘 미간을 찌푸리며 이런 질문을 한다.

"이 사람은 또 누구지?"
"이 사람과 이 사람은 무슨 관계지?"
"마리아가 또 나오네?"

읽기 힘든 게 당연하다! 그래서 이번 장에서는 성경에 나오는 주요 인물 백 명에 대해 간략한 일생을 살펴보려고 한다.

성경의 가장 위대한 인물 30인부터 시작해 보자. 연대는 대부분 추정이다. 그 인물이 성경 역사에 등장한 시간대를 보여주는 것으로, 많은 경우 출생 시기와 사망 시기는 알려져 있지 않다. 참고하기 편하게 가나다 순으로 살펴보겠다.

노아 — 거대한 배를 만든 사람

시기와 장소 연대 미상, 메소포타미아
등장하는 성경구절 창세기 5:28-9:29; 히브리서 11:7; 베드로전서 3:20; 베드로후서 2:5

의의 하나님의 명령으로 거대한 배를 만들고, 그로 인해 큰 홍수에서 그의 가족과 많은 동물이 살아남는다.

주요 사실과 사건
- 세 아들 셈, 함, 야벳의 아버지
- 하나님의 사랑(은혜)을 받았고 '하나님과 동행한 의인'(창 6:8-9)으로 불림
- 950세에 죽음

느헤미야 — 성벽을 재건한 자

시기와 장소 대략 BC 444-430, 페르시아와 예루살렘
등장하는 성경구절 에스라 2:2; 느헤미야서
의의 바벨론 포로 이후 3차에 걸친 예루살렘 귀환에서 마지막 세 번째 귀환을 이

끌었고, 예루살렘 성벽 재건을 감독함

주요 사실과 사건

- 페르시아의 아닥사스다 왕을 위해 일한 유능한 유대인
- 고국을 염려해 예루살렘으로 돌아왔고, 오합지졸에 불과한 사람들을 이끌고 거대한 성벽 재건 프로젝트를 52일 만에 성공함

다니엘 — 사자굴에 갇힌 사람

시기와 장소 대략 BC 605-535, 유다와 바벨론

등장하는 성경구절 에스겔 14:14, 20; 28:3; 다니엘서; 마태복음 24:15-16; 마가복음 13:14

의의 바벨론의 정부 고위관료이자 환상을 보는 유대인 예언자

주요 사실과 사건

- 유다 상류 엘리트 계층의 일원으로 포로로 잡혀 바벨론으로 이주하였고 관리로 징발됨
- 하나님께 기도하기를 멈추지 않은 대가로 사자굴에 던져졌으나 하나님이 구출하심
- 꿈과 환상을 잘 해석함
- 자제력이 뛰어나고(단 1:8), 늘 기도하고(2:1-18), 강한 용기가 있고(5:22-23), 훌륭한 성품(6:4-23)을 지님

다윗 — 거인을 죽인 자

시기와 장소 대략 BC 1040-971, 이스라엘(특히 베들레헴, 헤브론, 예루살렘)

등장하는 성경구절 사무엘상 16-30장; 사무엘하 1-24장; 역대상 17장; 마태복음 1:6; 요한복음 7:42; 사도행전 2:29-31; 13:22, 36; 히브리서 11:32

의의 이스라엘의 가장 위대한 왕, 솔로몬의 아버지, 목자, 훌륭한 음악가, 시편 절반의 저자

주요 사실과 사건

- 물매로 거인 골리앗을 죽인 살아있는 전설
- 이스라엘의 왕이 되기 전 편집증적이고 살기등등한 사울 왕을 피해 도망다님
- 밧세바와 간음한 후 그녀의 남편 우리아를 전쟁터에서 죽게 하고 그 사실이 밝혀지자 자신의 죄를 회개함

- 하나님의 마음에 합한 자(삼상 13:14)

룻 – 이방인이면서 구원받은 자

시기와 장소 연대 미상(사사 시대 어디쯤으로 대략 BC 1350-1051), 모압과 베들레헴

등장하는 성경구절 룻기; 마태복음 1장 5절에 나오는 예수님의 족보

의의 나오미의 며느리(모압인), 보아스와 결혼하여 다윗 왕의 증조모가 됨

주요 사실과 사건

- 모압에서 시아버지와 남편이 죽자 나오미와 함께 이스라엘로 돌아옴
- 시어머니와 헤어지기를 거부한 것으로 유명함
- 사사들이 다스리던 어두운(악이 만연하던) 시대에 신실함의 표본으로 여겨짐

마리아 – 예수님의 어머니

시기와 장소 대략 BC 4-AD 30, 이스라엘(나사렛, 베들레헴, 예루살렘), 이집트에서 잠깐 머묾

등장하는 성경구절 이사야 7:14; 마태복음 1-2장; 13:55; 마가복음 6:3; 누가복음 1:26-56; 2장; 요한복음 19:25-27; 사도행전 1:14

의의 하나님께 선택받아 세상의 구원자를 낳음

주요 사실과 사건

- 요셉과 결혼하기 전 아직 처녀였을 때 성령의 능력을 입어 기적적으로 아들 예수를 낳게 될 것을 천사에게 전해 들음
- 주께 순종하고 자신의 삶에서 하나님의 일을 깊이 생각함(눅 1:38; 2:19)
- 예수님이 돌아가실 때 그 자리에 있었음. 예수님이 돌아가신 후, 사도 요한이 어머니처럼 집에서 모심

마태(레위) — 세리였던 제자

시기와 장소 대략 AD 26-60년대, 이스라엘

등장하는 성경구절 마태복음 9-10장; 마가복음 2장; 누가복음 5-6장; 사도행전 1:13

의의 예수님이 사도로 부르시기 전에 세리였음

주요 사실과 사건

- 예수님을 따르기로 결심하고는 큰 잔치를 열어 예수님 일행과 옛 세리 친구들을 모두 초대함
- 마태복음을 기록함

모세 — 바로에게 도전한 인물

시기와 장소 대략 BC 1526-1406, 이집트, 시나이, 가나안의 남동쪽 광야

등장하는 성경구절 출애굽기; 신명기; 시편 105:26-41; 마태복음 17:3; 사도행전 7:20-44; 히브리서 3:1-5; 11:23-29

의의 이스라엘을 구원하고 율법을 전해 준 사람으로, 하나님의 백성을 이집트에서 이끌어내 약속의 땅 경계까지 이끌었고, 구약의 처음 다섯 권을 기록함

주요 사실과 사건

- 레위 지파 출신, 아론과 미리암의 형제
- 아기였을 때 바로가 남자아이를 죽이라는 칙령을 내리자 어머니가 바구니에 넣어 나일강에 띄워 보냄. 동정심 많은 바로의 딸이 발견함
- 동족을 학대하는 이집트인 감독을 죽인 후 어쩔 수 없이 미디안으로 도망함
- 불타는 떨기나무에서 하나님의 부르심을 받는데, 이집트로 돌아가 하나님의 백성을 노예 상태에서 이끌어내라는 사명을 받음
- 마음이 굳은 바로에 맞섬. 바로는 (열 가지 큰 재앙이 이집트에 내린 후) 마침내 마음이 약해져 하나님의 백성을 떠나게 함
- 기적적으로 갈라진 홍해를 건너 시나이 반도로 백성을 이끎. 하나님이 시내산에서 십계명과 율법, 성막(하나님이 광야에서 자기 백성을 만나신 거룩한 천막) 짓는 방법을 알려주심
- 자기 화를 참지 못하고 하나님 명령에 불순종해 약속의 땅에 들어가지 못함

● 모압에 있는 느보산에서 죽고 하나님이 장사지내주심

바울(사울) — 바리새인이었다가 선교사가 된 사람

시기와 장소 대략 AD 32-68, 이스라엘, 로마 제국으로 가던 '길 위'
등장하는 성경구절 사도행전 7-28장; 베드로후서 3:15-16; 바울의 편지(로마서, 고린도전후서, 갈라디아서, 에베소서, 빌립보서, 골로새서, 데살로니가전후서, 디모데전후서, 디도서, 빌레몬서)

의의 초대교회의 탁월한 선교사, 교회개척가, 작가, 신학자

주요 사실과 사건

● 다소(길리기아) 출신, 로마 시민권자, 바리새인으로 처음에는 기독교인을 박해함
● 다메섹으로 가던 길에 부활하신 예수님을 극적으로 만나 변화되는 삶을 경험함
● 지중해 지역으로 3차에 걸친 장기 선교여행을 떠남. 사도행전에 기록됨
● 그리스도를 위해 사역하다 당한 큰 육체적 고난을 인내함
● 신약 27권 중 13권을 기록
● 전승에 따르면 로마 밖 아피아 가도(the Appian Way)에서 참수형을 당했다고 함

베드로 — '바위'라는 의미

시기와 장소 대략 AD 26-68, 이스라엘 안팎
등장하는 성경구절 마태복음; 마가복음; 누가복음; 요한복음; 사도행전 1-12장; 15:7-11; 베드로전후서(그가 쓴 두 서신서)

의의 대담하고 성급한 성격의 어부. 그리스도의 가장 뛰어난 제자로 초대교회의 지도자가 됨

주요 사실과 사건

● 원래 이름은 시몬인데 예수님이 베드로라는 별명을 주심. 베드로는 그리스어 *'petros'*로 '바위'라는 뜻
● 매우 충직함. 말이 먼저 나가고 생각을 나중에 하는 경향이 있음
● 예수님 외에 유일하게 물 위를 걸어 본 사람(마 14:28-32).
● 예수님을 모른다고 부인했으나 나중에 예수님과의 관계가 회복됨. 초대교회의 지도자가 됨 (요 18:15-27; 21:15-25)

● 비유대인에게 복음의 문을 여는 도구로 쓰임(행 10장)

사도 요한 – 사랑받는 제자

시기와 장소 대략 AD 26-96, 이스라엘, 소아시아, 밧모섬
등장하는 성경구절 마태복음, 마가복음, 누가복음, 요한복음, 요한1,2,3서, 요한계시록

의의 어부였다가 예수님의 제자가 되었고, 예수님이 특히 아끼던 그룹(베드로, 야고보, 요한)에 들었음

주요 사실과 사건

● 세베대의 아들이고 야고보의 형제
● 그와 그의 형제 야고보의 급한 성격 탓에 예수님이 "우레의 아들"이라는 별명을 붙여주심(막 3:17).
● '예수님이 사랑하시는 제자'라고 스스로 칭함(요 13:23; 20:2; 21:7, 20).
● 예수님이 십자가 위에서 어머니 마리아를 맡기심(요 19:26-27).

사라(사래) – 약속된 아들의 어머니

시기와 장소 대략 BC 2156-2029, 메소포타미아와 가나안
등장하는 성경구절 창세기 11-23장; 로마서 4:19; 9:9; 히브리서 11:11; 베드로전서 3:6

의의 아브라함의 아내이자 이삭의 어머니

주요 사실과 사건

● 믿음이 흔들릴 때 아브라함에게 여종 하갈을 통해 아이를 낳게 해달라고 요청함
● 오래전 하나님이 약속하신 대로 늦은 나이에 아들 이삭을 낳음
● 믿음에서 벗어난 일이 있었지만 그래도 위대한 '믿음 장'(히 11)에서 제일 먼저 언급된 여성

사무엘 – 왕에게 기름부은 사람

시기와 장소 대략 BC 1060-1020, 이스라엘

등장하는 성경구절 사무엘상 1-3장; 7-13장; 15-16장; 19장; 25:1; 28장; 역대하 35:18; 시편 99:6; 사도행전 3:24; 13:20

의의 이스라엘의 마지막 사사이자 첫 번째 대예언자(모세 이래로), 이스라엘의 첫 두 왕인 사울과 다윗에게 기름부음

주요 사실과 사건

- 경건한 어머니 한나가 하나님께 바침, 성막에서 대제사장 엘리의 지도하에 성장함
- 태어나면서부터 나실인임(술도 마시지 않고 머리카락도 자르지 않는 사람)

사울 – 이스라엘의 첫 왕

시기와 장소 대략 BC 1051-1011, 이스라엘

등장하는 성경구절 사무엘상 9-11장; 13-24장; 26-28장; 31장; 사도행전 13:21

의의 이스라엘의 첫 왕으로 하나님에게서 돌아섬

주요 사실과 사건

- 키가 아주 크고 잘생김(삼상 9:2)
- 요나단(다윗의 가장 친한 친구이자 동지)과 미갈(다윗의 첫 아내)의 아버지
- 하나님께 불순종하여 왕으로 받아들여지지 않았고, 다윗을 점점 시기하다 나중에는 강박적이 됨
- 반복해서 다윗을 죽이려 함. 그러다 블레셋과의 전투에서 블레셋 사람의 손에 죽게 되자 스스로 목숨을 끊음

세례 요한 – 예수님을 예비한 자

시기와 장소 대략 BC 5-AD 28, 이스라엘과 유다 광야

등장하는 성경구절 마태복음 3장; 마가복음 1:1-8; 9:11-13; 누가복음 1:5-15, 57-63; 3:1-20; 7:18-35; 9:7-9; 11:1; 16:16; 20:4-6; 사도행전 1:5; 10:37; 11:16; 13:24-25; 18:25; 19:3-4

의의 나이 든 부모에게서 기적적으로 태어난 아들. 예수님을 세상에 소개하고 예수님께 세례를 베풂

주요 사실과 사건

- 엘리사벳과 스가랴의 아들이고 예수님의 어머니 쪽 친척
- 낙타 털옷을 입고 메뚜기와 석청을 먹음
- 사람들에게 회개를 촉구하는 불같은 설교를 하고, 회개하는 사람들에게 세례를 베풂
- 헤롯 왕의 부정을 용감하게 지적하고 참수형을 당함

솔로몬 — (가장) 지혜로운 왕

시기와 장소 대략 BC 971-931, 예루살렘
등장하는 성경구절 사무엘하 12:24; 열왕기상 1-11장; 열왕기하 24:13; 역대상 22:5-17; 23:1; 28-29장; 마태복음 12:42

의의 다윗 왕의 아들로 그가 이스라엘을 다스리던 시기가 가장 영광을 발하던 시기였음. 지혜롭기로 유명함

주요 사실과 사건

- 다윗과 밧세바의 아들
- 예루살렘에 이스라엘의 첫 성전을 지음
- 노년에 어리석게도 외국 아내(대부분 정치적 동맹) 7백 명과 첩 3백 명을 들이고 다른 신들에게 돌아섬
- 잠언 대부분을 지었고 전도서와 아가서를 지음

아담 — 최초의 인간

시기와 장소 연대 미상, 에덴동산 그리고 메소포타미아 어디쯤
등장하는 성경구절 창세기 1:26-5:5; 누가복음 3:38; 로마서 5:14; 고린도전서 15:22, 45

의의 하나님이 창조하신 첫 인간이며 인류의 조상

주요 사실과 사건

- 하와의 남편이고 가인, 아벨, 셋 그리고 다른 이름이 알려지지 않은 아이들의 아버지

- 선악을 알게 하는 나무의 금단 열매를 하와가 주어 먹음
- 하나님께 불순종한 대가로 하와와 함께 에덴동산에서 쫓겨남
- 930세에 죽음

아브라함(아브람) — "하나님의 벗"이라 불림

시기와 장소 대략 BC 2166-1991, 메소포타미아(우르), 가나안, 이집트
등장하는 성경구절 창세기 11:27-25:11; 마태복음 1:1-2; 사도행전 7:2-8; 히브리서 11:8-12

의의 히브리 민족의 아버지이자 믿음의 모범

주요 사실과 사건
- 사라(사래)의 남편이자 롯의 숙부
- 늦은 나이에 하나님의 부르심을 받아 메소포타미아를 떠나 가나안으로 감
- 이스마엘(아내의 여종인 하갈을 통해 낳은 아들)과 이삭(사라를 통해 낳은 아들, 하나님이 약속하신 아들)의 아버지
- 여러 번 하나님을 의심했음에도 "하나님의 벗"(약 2:23)이라 불림
- 175세에 죽어 아내 사라와 함께 가나안에 묻힘

야곱(이스라엘) — 하나님과 씨름한 사람

시기와 장소 대략 BC 2005-1859, 이스라엘과 주변 지역
등장하는 성경구절 창세기 25-50장

의의 아브라함의 손자, 열두 아들의 아버지로 그 후손이 이스라엘 열두 지파가 됨

주요 사실과 사건
- 이삭과 라헬의 아들, 에서의 쌍둥이 동생, 라헬과 레아의 남편
- 어머니가 가장 사랑하는 아들. 눈먼 아버지를 속여 원래 장자에게 주던 축복을 받도록 어머니가 도움
- 여성스러운 성격인데다 속임수를 썼음에도 하나님께 많은 은혜를 받음
- 하나님의 천사와 씨름한 후, 하나님이 이름을 '싸우다'라는 뜻의 '이스라엘'로 바꿔주심

에스겔 – 신비한 환상을 많이 본 사람

시기와 장소 대략 BC 597-571, 유다와 바벨론

등장하는 성경구절 에스겔서

의의 바벨론 포로 시기 동안 유대인을 보살핀 제사장이었다가 선지자가 된 사람

주요 사실과 사건

- 신기하고 이상한 환상을 하나님께 받음
- 마른 뼈가 살아나는 계곡의 환상을 받았는데, 포로로 끌려간 유대인들에게 희망의 메시지를 줌
- 전승에 따르면 우상을 거부했다는 이유로 동족에게 죽임을 당함

에스더 – 민족을 구한 여왕

시기와 장소 대략 BC 478, 페르시아의 수도 수사

등장하는 성경구절 에스더서

의의 미모와 지위를 이용해 자기 민족을 학살의 위기에서 건진 페르시아의 유대인 여왕

주요 사실과 사건

- 모르드개(에스더의 보호자)의 어린 친척
- 아하수에로(크세르크세스) 왕이 새 왕비로 선택
- 모르드개와 협력하여 자기 민족의 생명을 살려달라고 아하수에로 왕에게 용감하게 요청해 허락을 받아냄(왕이 유대인의 적인 하만을 처형함)

에스라 – 거룩한 제사장이자 서기관

시기와 장소 대략 BC 457-444, 바벨론과 예루살렘

등장하는 성경구절 에스라 7:1-10:16; 느헤미야 8:1-12:36

의의 포로 이후 유대인들이 예루살렘으로 돌아오는 것을 이끈 학식 있는 유대인 서기관이자 제사장

주요 사실과 사건

- 에스라 이름에는 '돕는다'는 뜻이 있음

- 하나님 말씀에 헌신하는 학생이자 교사였음. 에스라서와 역대상하를 기록한 것으로 추정
- 바벨론 포로에서 돌아온 유대인들 사이에 영적 각성이 일어나도록 느헤미야와 함께 애씀

엘리야 – 죽지 않은 사람

시기와 장소 대략 BC 870-845, 이스라엘

등장하는 성경구절 열왕기상 17-19장; 21장; 영왕기하 1-2장; 말라기 4:5; 마태복음 11:14; 16:14; 17:1-11; 마가복음 9:2-13; 누가복음 1:17; 9:7-9, 19, 28-36

의의 이스라엘에 만연하던 우상숭배를 격렬하게 비난한 담대한 예언자

주요 사실과 사건

- 이스라엘 아합 왕(이세벨 여왕)과 동시대인이면서 천적
- 죽은 소년을 살리는 등 놀라운 기적을 행함
- 갈멜산에서 바알과 아세라를 섬기는 거짓 선지자들을 무찌름
- 죽지 않고 회오리바람으로 하늘로 '올라감'
- 예수님의 모습이 변했을 때 모세와 함께 나타남

여호수아 – 용감한 지도자이자 군인

시기와 장소 대략 BC 1406, 이집트, 가나안 남쪽 광야, 가나안

등장하는 성경구절 출애굽기 17:8-15; 민수기 11:28; 26:65; 27:12-23; 32장; 34장; 신명기 31장; 여호수아서; 사사기 1-2장; 열왕기상 16:34; 사도행전 7:45; 히브리서 4:8

의의 모세의 제자이자 계승자로 열두 지파를 이끌고 약속의 땅을 정복하여 정착함

주요 사실과 사건

- 노련한 군인이며 약속의 땅을 정탐한 열두 명 중 한 명
- 이름의 뜻은 '주는 구원이시다'이며 히브리어로는 '예수'

예레미야 – 눈물의 선지자

시기와 장소 대략 BC 626-582, 유다

등장하는 성경구절 역대하 35:25; 36:11-21; 에스라 1:1; 예레미야서; 예레미야애가서; 다니엘 9:2

의의 종종 '눈물의 선지자'로 불림(렘 9:1). 유다가 패망하던 시기에 사역

주요 사실과 사건

- 하나님의 진리를 전하기 위해 끊임없이 애쓰다 박해를 받음. 배신자로 비난받고, 괴롭힘당하고, 체포되고, 감옥에 갇힘
- 예레미야서와 예레미야애가서를 기록함

요셉 – 노예였다가 이집트의 통치자가 된 사람

시기와 장소 대략 BC 1914-1805, 가나안과 이집트

등장하는 성경구절 창세기 30:22-24; 37장; 39-50장; 출애굽기 1:5-7; 시편 105:16-24; 사도행전 7:9-14; 히브리서 11:22

의의 야곱이 가장 사랑한 아들. 기근 때 많은 사람을 살리기 위해 하나님이 사용하심

주요 사실과 사건

- 아버지 야곱이 채색옷을 지어 입힘
- 꿈을 해석하는 능력이 있음
- 시기하는 형들에 의해 노예로 팔려 이집트에 가게 됨
- 짓지도 않은 죄로 감옥에 가게 되나, 나중에는 바로 다음으로 높은 위치에 오름
- 가나안에 심각한 기근이 들어 형들이 식량을 찾아 이집트에 왔을 때, 무서워 떨고 있는 형들을 대면함
- 형들을 용서하고, 하나님이 더 큰 목적을 위해 자신을 이집트로 보내셨다고 말함

욥 – 모든 것을 잃은 사람

시기와 장소 연대 미상(아마도 대략 BC 2100년), 우스 땅(위치 미상)

등장하는 성경구절 욥기; 에스겔 14:14, 20; 야고보서 5:11

의의 고난 중에도 하나님이 통치하시고, 거룩하시고, 선하시고, 예배 받으시기에 합당한 분임을 드러내기 위해 (하나님의 허락 하에) 사탄에게 괴롭힘을 당함

주요 사실과 사건

- 흠 잡을 데 없고 엄청난 부를 소유했으나 자녀와 재산과 건강을 잃는 재앙을 겪음(욥 1-3장)
- 친구들이 와서 위로했지만 항상 지혜로운 것은 아니었음(욥 4-37장)
- 시험 후 하나님을 뜨겁게 만나고 회복을 경험함(욥 38-42장)

이사야 — 메시아를 예언한 선지자

시기와 장소 대략 BC 760-673, 유다와 예루살렘
등장하는 성경구절 열왕기하 19-20장; 역대하 26:22; 32:20, 32; 이사야서

의의 심판을 경고하고 하나님 백성을 위한 미래의 소망을 예언한 선지자

주요 사실과 사건

- 여선지자와 결혼해 두 아들이 있음
- 오실 메시아에 대해 상당히 구체적으로 예언함(메시아의 동정녀 탄생, 사명, 죽음, 미래의 통치)
- 신약 저자들에게 광범위하게 인용됨

이삭 — 약속의 아들

시기와 장소 대략 BC 2066-1886, 가나안
등장하는 성경구절 창세기 17:15-28:9; 35:27-29; 로마서 9:7-10; 히브리서 11:20

의의 아브라함과 사라 사이에 태어난 약속의 아들, 야곱과 에서의 아버지

주요 사실과 사건

- 아버지 나이 100세, 어머니 나이 90세에 태어남
- 이삭 이름의 의미는 '웃음'
- 라헬과 결혼하여 이란성 쌍둥이 에서와 야곱을 낳음

하와 ─ 첫 여성

시기와 장소 연대 미상, 에덴동산 그리고 메소포타미아 어디쯤

등장하는 성경구절 창세기 2:18-4:2; 고린도후서 11:3; 디모데전서 2:13

의의 아담의 아내이자 세상의 첫 여성

주요 사실과 사건

- 아담의 아내이고 가인, 아벨, 셋, 그리고 이름이 알려지지 않은 다른 아이들의 어머니
- 아담과 함께 하나님의 형상을 따라 창조되었고, 창조 세계를 함께 다스리는 임무를 받음
- 사탄(뱀)의 유혹에 넘어가 선악을 알게 하는 나무의 금지된 열매를 먹음
- 아담과 함께 하나님 말씀에 불순종한 대가로 에덴동산에서 쫓겨남

모든 것 중에 가장 크신 분

하나님

창세기는 "태초에"(창 1:1)라는 말로 시작한다. 제일 처음 성경의 주인공이 멋지게 등장한다. 성경은 하나님 이야기다. 하나님의 세상을 회복하고, 아담과 하와가 죄를 지어 잃어버린 모든 것을 회복하시려는 하나님의 계획을 말해 준다.

성경은 하나님이 본성상 삼위일체(문자 그대로 연합을 이룬 삼위)임을 보여준다. 외적으로 아버지, 아들, 성령의 삼위로 계시는 한 분 하나님을 보여준다.

> "주 예수 그리스도의 은혜와 하나님의 사랑과 성령의 교통하심이 너희 무리와 함께 있을지어다"
> _ 고후 13:13

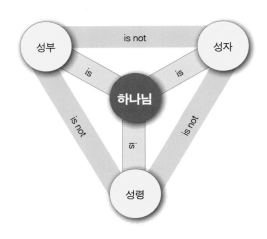

성경은 더 나아가 하나님을 다음과 같이 묘사한다.

1. 무한하신 창조주(창 1-2장)
2. 전능하신(권위 있는, '다스리시는') 통치자, 생명의 주관자(시 115:3; 사 46:4)
3. 인류의 은혜로운 조력자, 구원자(시 54:4; 눅 1:47)
4. 이 땅의 공정한 재판관(시 98:9)

천 페이지가 넘는 성경은 하나님에 대해 많은 것을 보여주는데, 무엇보다 그분의 성품에 대해 말해 준다. 위의 네 가지 설명이 하나님의 성품을 간단하게 요약한 것이다.

예수님

구약 전체는 오실 예수님에 대한 이야기와, 그분을 예표하는 인물과, 그분을 상징하는 의례와, 그분을 예고하는 예언으로 가득 차 있다.

예수님은 하나님 이야기에서 영웅이다. 완전히 하나님이면서 완전히 인간인(영원하시지만 시간 안에서 태어나신) 예수님은 완벽한 삶을 사셨다. 인간의 죄에 대한 형벌의 값을 치르기 위해 무시무시한 죽음을 기꺼이 감내하셨고, 믿는 모든 자에게 생명을 주려고 죽은 자들 가운데서 부활하셨다. 예수님 이야기와 사역은 복음서(신약의 첫 네 권으로 마태복음, 마가복음, 누가복음, 요한복음)에 잘 소개되어 있다.

예수님은 승천하기 전 따르던 자들에게 용서와 새롭고 영원한 삶에 대한 기쁜 소식을 온 세상에 전하라고 명령하셨다. 그리고 세상을 원래대로 회복하기 위해 다시 올 거라고 분명히 말씀하셨다. 사도행전과 신약의 나머지 책은 예수님을 따르던 자들이 한 일과 온 세상에 펼쳐질 기독교 운동의 시작이 어떠했는지 말해 준다.

성령님

'하나님의 영' 혹은 '성령'(거룩한 삼위일체의 세 번째 위격)에 대한 언급은 성경 전체에서 발견된다. 성령님은 창조할 때도 일하셨다(창 1:2). 또 때때로 구약의 성인들이 위대한 일을 행하도록 능력을 부어주기도 하셨다(삿 14:6; 삼상 16:13). 드러내 놓고 성령이라는 말이 없어도, 눈에 보이지 않지만 진정한 성령의 임재가 하나님의 이야기에 처음부터 끝까지 편만하다.

성령이 오실 것에 대해 예수님이 드러내 놓고 말씀하신 것은 예수님의 사역이 끝날 때였다(요 14-16장). 예수님이 이 세상을 떠나시고 성령이 믿는 자들에게 힘을 주려고 이 땅에 오신 후에, 성령은 사도행전 전역에서 핵심적인 역할을 하셨다. 사도행전에서만 성령이 거의 60회나 언급된다.

오늘날 믿는 자들 안에 살아계시며 힘 주시는 분은 바로 성령 하나님(피조물 위에 운행하시고 다윗과 예수님을 충만케 하신 동일한 성령님)이다. 당신 안에도 성령이 거하시는가?

영적인 존재

사탄

에덴동산에서 아담과 하와가 악을 행하도록 말로 유혹했던 뱀은 누구인가? 신구약을 종합적으로 연구해 보면 다양한 이름으로 등장한다.

- 사탄, 히브리어로 '고소하는 자'(욥 1:6-12)
- 계명성(사 14:12)
- 마귀(마 4:1-11)
- 대적(벧전 5:8)
- 거짓의 아비(요 8:44)
- 바알세불(마 12:24)

이 영은 하나님을 대적하고, 하나님의 마음에 가까이 있고 하나님을 사랑하는 모든 자와 모든 것을 대적한다(요 10:10; 벧전 5:8). 사탄은 타락한 많은 천사들(마귀)의 통치자로 묘사된다(마 25:41). 그리고 이 세상에서 강한 힘을 가진 자로 묘사된다(고후 4:4; 엡 6:12). 성경은 예수님이 (죽음과 부활을 통해) 마귀와 마귀의 일을 멸하러 오셨다고 분명히 말한다(요일 3:8).

천사

천사는 성경의 위대한 신비 가운데 하나다. 이 강력하고 영적인 존재는 대부분 눈에 보이지 않는데, 몇몇 경우 성경인물의 삶과 사건에 극적으로 등장한다. 천사에 해당하는 그리스어는 '심부름꾼'(messenger)이라는 뜻인데, 성경 전체에서 그들이 하는 주된 역할을 보여준다(창 28:12; 왕하 1:15; 민 22:22; 마 28:2; 눅 1:28; 행 5:19). 천사는 하나님의 심부름꾼이자 조력자일 뿐 아니라, 하나님의 보좌를 에워싸고 정기적인 예배를 드린다(사 6:1-2; 계 5:11). 성경은 천사가 하나님께 순종하는 종이고 그분의 계획을 함께 이루어가는 동역자라고 말한다(시 103:20). 죄에 굴복한 천사는 마귀(타락한 천사)가 되었고, 사탄을 따르게 되었다(벧후 2:4; 계 12:9).

그 밖의 주요 성경인물

아론 모세의 형이자 이스라엘의 첫 대제사장. 약 BC 1529-1407(출-민; 신 10:6; 대상 6:49-50; 시 99:6; 133:2; 미 6:4; 히 5:4; 9:4)

아벨 아담과 하와의 둘째 아들. 형 가인에게 죽임을 당함. 연대 미상(창 4장)

아비가일 어리석기로 악명 높은 첫 남편인 나발이 죽은 후 다윗의 아내가 된 아름다운 여인. 약 BC 1000(삼상 25장; 27:3; 30:5)

안드레 어부였다가 예수님의 제자가 된 베드로의 형제. 대략 AD 26-60(마 4:18-19; 10:2; 요 1:40-44; 6:8-9; 12:20-22)

안나 신실하고 나이 든 유대인 여선지자로 아기 예수님이 성전에 왔을 때 알아보고 인사함. 약 BC 4(눅 2:36-38)

바나바 구브로 섬 출신의 레위인으로 바울의 사역 파트너 중 한 명. 만나는 모든 사람을 격려함. 약 AD 30-50(행 4:36; 9:27; 11-15장; 갈 2장; 골 4:10)

바돌로매(나다나엘) 예수님의 열두 제자 중 한 명. 예수님이 "참으로 이스라엘 사람이라 그 속에 간사한 것이 없도다"(요 1:47)라고 평가하심. 약 AD 26-30(마 10:3; 막 3:18; 눅 6:14; 요 1:45-49; 21:2; 행 1:13)

밧세바 우리아의 미망인이자 다윗 왕의 아내이고 솔로몬의 어머니. 약 BC 1000(삼하 11-12장)

보아스 룻의 남편, 다윗의 증조부, 그리스도의 조상. 연대 미상(사사 시대 어디쯤). 약 BC 1350-1050(룻 1-4장; 마 1:5-6)

가인 세상에 태어난 첫 아이. 아담과 하와의 첫아들. 동생 아벨을 죽인 자. 연대 미상(창 4장)

갈렙 여호수아의 동료 정탐꾼이자 신실한 친구. 겁을 먹고 나쁘게 조언하는 다른 정탐꾼 열 명과 달리 주저하는 이스라엘 백성에게 약속의 땅을 차지하자고 촉구함. 약 BC 1446(민 13-14 장; 26:65; 32:12; 34:19; 신 1:36)

고레스 페르시아 왕으로 바벨론을 정복했고, 포로로 잡혀 있던 유대인들이 고향으로 돌아가 예루살렘을 재건하도록 허락함. 이는 약 150년 전 이사야 선지자가 예언한 것임(사 44:28). 약 BC 538(대하 36:22-23)

드보라 여선지자이며 성경에 나오는 유일한 여자 사사. 바락이 가나안 사람 무찌르는 것을 도움. 연대 미상(사사 시대 어디쯤). 약 BC 1350-1050(삿 4-5장)

엘리 이스라엘의 대제사장으로 사무엘 선지자를 길렀고, 블레셋 사람들이 언약궤를 탈취해 갔다는 소식을 듣고 충격받아 죽음. 약 BC 1100-1060(삼상 1-4장)

엘리사 엘리야를 이어 큰 기적을 행한 선지자. 약 BC 845-800(왕하 2-5장)

엘리사벳 제사장 스가랴의 아내. 기적적으로 임신하여 세례 요한을 낳음. 약 BC 5(눅 1장)

에녹 죽지 않고 하늘나라로 간 구약 인물 두 명 중 하나. 연대 미상(창 5:23-24; 히 11:5)

에서 야곱의 쌍둥이 형이며 에돔 족속의 조상. 약 BC 2005-1859(창 25-33장)

기드온 이스라엘의 사사로 겨우 3백 명으로 거대한 적군을 물리침. 연대 미상(사사 시대 어디쯤). 약 BC 1350-1050(삿 6-8장; 히 11:32)

하갈 사라의 여종이며 아브라함의 아들 이스마엘의 어머니. 약 BC 2090(창 16장; 21장; 갈 4:24-25)

한나 사무엘 선지자의 경건한 어머니로 사무엘을 하나님께 드림. 약 BC 1100(삼상 1-2장)

헤롯 안티파스 헤롯 대왕의 아들. 세례 요한의 목을 베고, 예수님을 본디오 빌라도에게 보내 재판

을 받게 함. 약 BC 4-AD 39(마 14:1-6; 눅 23:8-11; 행 12장)

헤롯 대왕 예수님이 태어날 당시 유대의 왕. 아기 예수님을 죽이려고 함. 약 BC 37-4(마 2장)

히스기야 왕 사악한 아하스 왕의 아들로 유다 13대 왕. 하나님을 경외하는 지도자였고, 앗시리아 군대가 침략해 왔을 때 하나님이 구원하시는 것을 경험함. 약 BC 716-687(왕하 16:20-20:21; 대하 28:27-32:33; 사 36-39장)

호세아 이스라엘의 선지자. 하나님은 이스라엘의 영적 부정(unfaithfulness)을 보여주기 위해 호세아를 음란한 여자와 결혼하게 하심. 약 BC 752-722(호세아서)

이스마엘 아브라함의 첫아들(사라의 종 하갈을 통해 낳은 아들). 약 BC 2080-1943(창 17장; 25장; 28:9; 36:3)

이세벨 이스라엘 아합 왕의 악한 아내로 엘리야 선지자를 무자비하게 공격함. 약 BC 870(왕상 16:31; 18-19장; 21장; 왕하 9:33-37)

요나 니느웨에 하나님의 말씀을 전하라는 명령에 불순종하다 하나님이 보내신 큰 물고기가 그를 삼킨 후에야 말씀을 전함. 약 BC 783-753(요나서; 마 12:39-41; 16:4)

요나단 사울 왕의 아들이며 다윗의 절친한 친구. 약 BC 1020(삼상 13-14장; 18-20장)

요셉(예수님의 양부) 마리아의 남편이자 예수님의 법적 아버지(생물학적 아버지는 아님). 약 BC 4(마 1-2장; 눅 1-2장)

요시야 유다의 16대 왕. 경건한 사람으로 나라를 크게 부흥시킴. 약 BC 641-609(왕하 21:24-23:34)

가롯 유다 은 30에 예수님을 배반했다가 자살한 제자. AD 27-30(마 27장; 막 14:10-11; 요 12:4; 13:2, 26)

유다 예수님의 동생이자 유다서의 저자. 약 AD 60년대-80년대(마 13:55; 막 6:3; 유다서)

나사로 마르다와 마리아의 오빠. 죽은 후 예수님이 다시 살리심. 약 AD 29(요 11-12장)

레아 라헬의 언니. 야곱의 첫 부인. 여섯 아들과 딸 디나의 어머니. 약 BC 2005-1859(창 29-33장)

예수님 족보에 등장하는 여인

마태복음 1장 1절부터 17절에 나오는 예수님 족보에는 여인 다섯 명이 등장한다. 다말, 라합, 룻, 밧세바, 마리아(예수님의 어머니)다.

룻 아브라함의 조카로 하나님이 소돔에 심판을 내리실 때 도망쳐 나옴. 약 BC 2100(창 11:27-31; 12:4-5; 13-14장; 19장)

누가 이방인 의사로 사도 바울과 함께 선교여행을 했고 누가복음과 사도행전을 기록함. 약 AD 49-70년대(행 16장; 20-21장; 27-28장; 골 4:14; 딤후 4:11; 몬 1:24)

마가(마가 요한) 바나바의 사촌으로 첫 번째 선교여행은 실패했지만 나중에 그리스도의 훌륭한 종이 됨. 마가복음을 기록. 약 AD 47-70년대(행 13:13; 15:37-39; 골 4:10; 딤후 4:11)

마르다 마리아의 언니이자 나사로의 누이동생. 예수님께 사랑받던 추종자. 약 AD 26-30(눅 10:38; 요 11장)

마리아(마르다의 여동생) 예수님 발치에서 예배하고 진귀한 향유를 예수님께 부은 것으로 유명함. 약 AD 26-30(눅 10:38-42; 요 11장; 12:1-3)

막달라 마리아 예수님이 구해 준 귀신 들린 여인. 후에 예수님의 신실한 추종자가 되었고 예수님의 부활을 제일 처음 목격함. 약 AD 26-30(눅 8:2; 요 20장)

멜기세덱 살렘 왕이자 대제사장으로 아브라함이 전쟁 전리품의 십일조를 드린 인물로, 예수 그리스도가 나중에 하실 사역을 예표함. 약 BC 2100(창 14장; 시 110:4; 히 5-7장)

므두셀라 가장 오래 산 사람으로 969세에 죽음. 연대 미상(창 5:27)

미리암 모세의 누이. 광야에서 모세와 아론이 이스라엘 백성 이끄는 일을 도운 여선지자. 약 BC 1526-1406(출 2장; 15:20-21; 민 12장; 미 6:4)

모르드개 에스더 왕비의 친척이자 대부. 에스더가 유대 민족을 학살당할 위기에서 구할 때 도움. 약 BC 478(에스더서)

나아만 아람의 군대 장관으로 엘리사 선지자가 나병을 고쳐줌. 약 BC 840(왕하 5장)

나오미 룻의 시어머니이며 다윗 왕의 고조모. 연대 미상(사사 시대 어디쯤). 약 BC 1350-1050(룻기)

나단 다윗 왕이 밧세바와 지은 죄를 직시하도록 조언한 선지자. 약 BC 990-957(삼하 7:1-17; 12장)

느부갓네살 다니엘이 섬긴 신바벨론 제국의 왕. 약 BC 604-562(왕하 24-25장; 대하 36장; 렘 24-39장; 단 1-5장)

빌레몬 도망갔다가 그리스도께 회심한 종을 용서하고 지위를 회복시켜주라고 촉구하는 바울의 편지를 받음. 약 AD 60-62(빌레몬서)

빌립 친구 나다나엘을 그리스도께 인도했고, 예수님이 직접 제자로 뽑은 사람. 약 AD 26-30(마 10:3; 요 1:43-48; 6:5-7; 12:21-22; 14:8-9)

빌라도 로마 총독. 유대교 지도자들이 예수님을 사형에 처하라고 압박함. 약 AD 26-36(마 27:2, 15-26)

예수님의 열두 제자

베드로
세베대의 아들 야고보
요한
안드레
빌립
바돌로메(나다나엘)
마태(레위)
도마
알패오의 아들 야고보
다대오
열혈당원 시몬
가룟 유다

브리스길라와 아굴라 부부. 천막을 만들어 파는 일을 함. 바울의 가까운 친구가 되어 함께 선교에 힘씀. 약 AD 49-51(행 18장; 롬 16:3; 고전 16:19; 딤후 4:19)

라헬 레아의 여동생. 야곱이 가장 사랑한 아내이며 요셉과 베냐민의 어머니. 약 BC 2005-1859(창 29-35장)

라합 여리고에 살던 기생. 이스라엘 정탐꾼 두 명을 구해 주고 예수님의 족보에 들어가게 됨. 약 BC 1406(수 2장; 6장; 마 1:5; 히 11:31; 약 2:25)

리브가 이삭의 아내이며 에서와 야곱의 어머니. 약 BC 2026(창 24-27장)

삼손 이스라엘의 사사로 엄청난 육체적 힘을 가졌으나 예쁜 여자에게 약하다는 약점이 있음. 연대 미상(사사 시대 어디쯤). 약 BC 1350-1050(삿 13-16장; 히 11:32)

실라 사도 바울의 신실한 여행 동반자이며 동역자. 약 AD 49-51(행 15-18장)

시므온 나이 많은 경건한 유대인으로, 예수님이 아기였을 적 성전에 갔을 때 메시아임을 알아봄. 약 BC 4(눅 2:25-35)

열혈당원 시몬 예수님의 열두 제자 중 한 명으로 열혈당원(강경파 혁명주의자들의 모임)이었음. 약 AD 26-30(마 10:4; 막 3:18; 눅 6:15; 행 1:13)

스데반 초대교회 집사 중 한 명. 복음전도자. 첫 순교자. 약 AD 30-32(행 6-8장)

다말 과부였으나 시아버지 유다(야곱의 열두 아들 중 하나)로 인해 임신하려고 계획을 세움. 그 사이에서 태어난 아들 베레스를 통해 예수님의 조상이 됨. 약 BC 1880(창 38장; 룻 4:12; 마 1:3)

다대오 예수님의 열두 제자 중 하나. 유다라고도 불림(가룟 유다는 아님). 약 AD 26(마 10:3; 막 3:18; 요 14:22)

도마 의심 많은 제자로 알려짐. 부활하신 예수님을 만난 후 예수님을 하나님으로 섬김. 약 AD 26-30(마 10:3; 요 11:16; 14:5; 20:24-28)

디모데 유대인 어머니와 그리스인 아버지 사이에서 태어남. 바울이 가장 신뢰하는 젊은 제자이며 초대교회 목회자. 약 AD 40년대-60년대(행 16-20장; 고전 4:17; 16:10; 빌 2:19; 살전 3:1-6; 딤전; 딤후)

디도 그레데에 있는 초대교회 목회자로 바울의 지도를 받음. 약 AD 40년대-60년대(고후 2:13; 7-8장; 갈 2:1-3; 디도서)

웃시야(아사랴) 유다 왕으로 통치 초기에는 하나님을 경외했으나 점점 교만해졌고 노년에 나병이 걸림. 약 BC 792-740(대하 26장)

삭개오 여리고에 살던 키 작고 부정직한 세리. 예수님을 보고 말씀을 들으려고 돌무화과나무에 올라갔다가 삶이 완전히 바뀜. 약 AD 30(눅 19:1-10)

스가랴 나이 든 제사장으로 엘리사벳의 남편. 아내가 특별한 아들(세례 요한, 메시아를 예비하는 자)을 낳을 거라고 천사가 말해 줌. 약 BC 5(눅 1장)

스룹바벨 유대인들이 바벨론 포로에서 3차에 걸쳐 예루살렘으로 돌아오는데 그중 첫 번째 그룹을 인솔함. 약 BC 538-516(스 2-5장; 학 1-2장)

또 다른 **야고보?**

야고보 1 야고보 사도. 세베대의 아들이자 요한의 형제. 한군데만 빼고 모든 곳에서 "야고보와 요한"이라고 형제의 이름을 언급한 것으로 보아 야고보가 형이었을 것이다. 베드로와 요한과 더불어 야고보도 예수님의 최측근이었다. 열두 제자 중 제일 처음 순교했다(행 12:1-2).

야고보 2 알패오의 아들 야고보. 예수님의 열두 제자 중 한 명. 성경은 그를 네 번 언급한다(마 10:3; 막 3:18; 눅 6:15; 행 1:13).

야고보 3 이 야고보는 유다라는 제자(가룟 유다 말고)의 신분을 분명히 하기 위해 성경에 등장한다. "야고보의 아들 유다"(눅 6:16; 행 1:13)라는 언급으로 보아, 이 야고보는 예수님 제자의 아버지로 자신이 직접 예수님의 제자는 아니었던 것 같다.

야고보 4 이 야고보는 예수님의 형제로 야고보서를 기록했다. 그는 부활하신 그리스도를 만난 후 초대교회 지도자가 되었다(고전 15:7). 마태복음 13장 55절, 마가복음 6장 3절, 야고보서, 사도행전 15장 13-21절이 그에 대해 기록한다.

야고보 5 성경은 마리아(신약 시대 많은 여성이 이 이름을 사용했다)라는 여성의 신분을 분명히 하기 위해 이 다섯 번째 야고보를 언급한다. "작은 야고보와 요세의 어머니 마리아"(막 15:40)에서, 전통적으로 보아 "작은 야고보"라고 표현한 것은 그의 나이나 몸집이 작았기 때문일 것이다. 이 야고보는 '야고보2'와 동일 인물일 수도 있으나 확실하지 않다.

"너희가 성경에서 영생을 얻는 줄 생각하고 성경을 연구하거니와
이 성경이 곧 내게 대하여 증언하는 것이니라"

_요 5:39

SELF-GUIDED TOUR OF THE BIBLE

Chapter 5

내용 탐험하기
성경의 책 구분

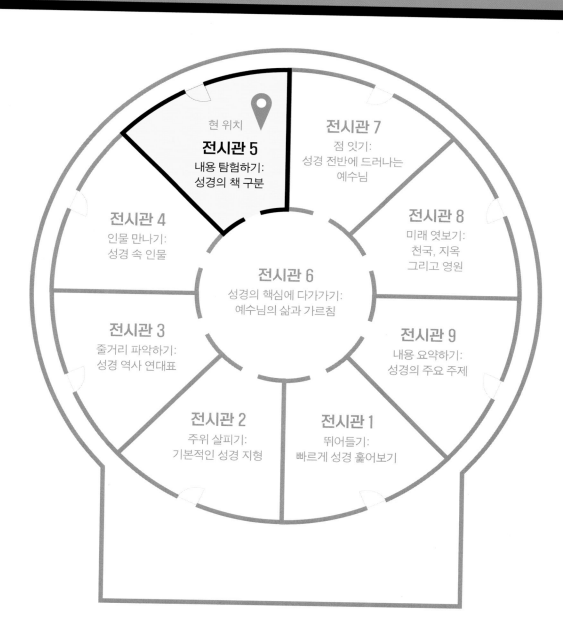

현 위치 📍
전시관 5
내용 탐험하기:
성경의 책 구분

전시관 7
점 잇기:
성경 전반에 드러나는
예수님

전시관 4
인물 만나기:
성경 속 인물

전시관 8
미래 엿보기:
천국, 지옥
그리고 영원

전시관 6
성경의 핵심에 다가가기:
예수님의 삶과 가르침

전시관 3
줄거리 파악하기:
성경 역사 연대표

전시관 9
내용 요약하기:
성경의 주요 주제

전시관 2
주위 살피기:
기본적인 성경 지형

전시관 1
뛰어들기:
빠르게 성경 훑어보기

성경 각 권의 내용을 간략하게 요약하고 싶은가? 이번 장에서 하려고 한다. 이번 장에서는 성경 66권의 개관을 살펴볼 것이다.

언제 어디서 그 사건이 일어났는지, 누가 주요 인물인지, 어떤 일이 일어났는지, 왜 그 책이 읽을 가치가 있는지, 각 권에서 찾을 수 있는 흥미로운 사실과 유명한 구절을 살필 것이다. 간단명료하게 성경에 나오는 순서대로 살피겠다.

구약

성경의 첫 부분인 구약은 39권으로 구성되어 있다. 구약은 크게 세 범주로 구분된다.

- 역사서 17권
- 시가서/지혜서 5권
- 예언서 17권(처음 5권은 대예언서이고, 나머지 12권은 소예언서)

바이블 팩트

구약의 처음 다섯 권은 모세오경(Pentateuch)이라 불리는데, 그리스어 *penta*('5'라는 의미)와 *teukos*('두루마리'라는 의미)가 합쳐진 단어다. 이 다섯 권은 토라 혹은 모세 율법이라고도 알려져 있는데, 모세가 이것을 썼다고 믿기 때문이다.

 **역사서**

창세기

하나님과 그분이 택한 백성의 위대한 이야기가 시작된다.

시기 세상이 시작되던 때부터 대략 BC 1805

지역 메소포타미아, 가나안, 이집트

인물 아담과 하와, 노아, 아브라함과 사라, 이삭, 야곱, 요셉

주요 사건 창세기는 먼저 창조 사건, 아담과 하와가 하나님을 거역한 일, 큰 홍수가 나서 노아와 그 가족만 남은 사건에 초점을 맞춘다. 그런 후 하나님이 나이 든 부부 아브라함과 사라를 선택하신 일에 초점을 맞춘다. 하나님은 아브라함을 불러 가나안으로 가라고 하시며, 아브라함과 그의 자손을 (그리고 아브라함을 통해 세상을) 축복하겠다는 약속을 주신다.

흥미로운 사실 성경은 아담과 하와가 먹은 금지된 과일이 어떤 과일이었는지 말하지 않는다.

읽을 이유 세상이 어떻게 시작되고 어떻게 망가졌으며, 하나님이 그에 대해 무슨 일을 시작하셨는지 알려준다.

유명한 구절 "태초에 하나님이 천지를 창조하시니라"(창 1:1)

아담과 하와가 에덴동산에서 쫓겨나다.

출애굽기

하나님이 이집트에서 노예로 있던 자기 백성을 구해내신다.

시기 약 BC 1526-1446

지역 이집트, 시나이 반도

인물 모세, 바로, 아론

주요 사건 아브라함의 자손이 이집트에서 노예로 살자, 하나님은 모세를 불러 그들을 해방시키신다. 열 번의 끔찍한 심판이 있은 후, 바로(이집트 왕)는 마지못해 백성을 놓아준다. 모세는 이스라엘 열두 지파를 이끌고 기적적으로 갈라진 홍해를 통과해 시내산으로 가는데, 거기서 하나님의 계명을 받고 하나님의 백성이 될 것을 서약한다.

흥미로운 사실 많은 학자가, 열두 지파는 2백만-3백만 명이었을 것으로 추정한다.

읽을 이유 하나님이 신이라 불리는 다른 모든 신보다 우월하시다는 것과, 구원하시는 그분의 권능을 알려준다.

유명한 구절 "이스라엘의 하나님 여호와께서 이렇게 말씀하시기를 내 백성을 보내라"(출 5:1)

시내 광야와 홍해

레위기

거룩하신 하나님이 택한 백성에게 거룩하라고 요구하신다.

시기 약 BC 1446   **지역** 시나이 반도

인물 모세, 아론

주요 사건 이스라엘 백성은 자신들의 과거(이집트)와 미래(가나안) 사이에 천막을 치고 머물면서, 거룩하지 않은 백성이 어떻게 거룩한 하나님과 함께 살아야 하는지 세부적인 지시사항을 받는다. 죄에는 희생제사가 필요하다. 사람들이 계속해서 죄를 짓기에, 그 희생제사도 계속해서 반복되어야 했다.

흥미로운 사실 '거룩'이라는 단어가 레위기 27장을 통틀어 무려 60회나 나온다.

읽을 이유 하나님의 거룩하심과 죄의 심각성, 그리고 수 세기 후 그리스도가 이루신 모든 이를 위한 단 한 번의 희생제사가 어떤 의미인지 알려준다.

유명한 구절 "내가 거룩하니 너희도 거룩할지어다"(레 11:45)

민수기

2주면 될 여행이 40년 간의 먼지투성이 장례 행렬이 된다.

시기 약 BC 1446-1406   **지역** 가나안 남쪽 광야

인물 모세, 아론

주요 사건 인구 조사 후 이스라엘 백성은 시내산을 떠나 약속의 땅 가나안으로 출발한다. 그러나 가나안 경계에 이르자, 가나안 사람들에 대한 두려움이 하나님을 향한 믿음을 덮어버린다. 그들이 가나안으로 들어가기를 주저하자, 하나님은 믿지 못한 세대가 다 죽을 때까지 사막에서 방황하게 될 거라 선언하신다.

흥미로운 사실 20세 이상 120만 명이 40년 동안 광야에서 죽었다면, 하루에 장례를 82회 치른 셈이다.

읽을 이유 불신이 얼마나 참혹한 결과를 가져왔는지, 또 감사하지도 않고 받을 자격도 없는 사람들에게 하나님이 어떻게 자비를 베푸셨는지를 알려준다.

유명한 구절 "여호와는 노하기를 더디하시고 인자가 많아 죄악과 허물을 사하시나 형벌 받을 자는 결단코 사하지 아니하시고"(민 14:18)

신명기

모세가 다음세대에게 하나님의 율법을 가르친다.

시기 약 BC 1406

지역 모압(요단강 건너편 가나안 동쪽)

인물 모세

주요 사건 모세는 가나안에 들어갈 준비를 하는 이스라엘 다음세대에게 고별설교를 한다. 신명기는 '두 번째 율법'이라는 뜻이다. 모세는 하나님 백성의 역사와 하나님이 주신 율법(그들이 지키며 살기를 기대하시는)에 대해 개괄하여 말한다. 신명기는 모세의 죽음으로 끝난다.

흥미로운 사실 신명기 24장 5절에서, 갓 결혼한 사람은 1년 동안 신혼기간을 가지라고 명령한다.

읽을 이유 신명기는 하나님의 신실하심을 다시 한번 기억하게 하고, 우리가 왜 그분을 사랑하고 그분께 붙어 있어야 하는지를 알려준다.

유명한 구절 "너는 마음을 다하고 뜻을 다하고 힘을 다하여 네 하나님 여호와를 사랑하라"(신 6:5)

십계명

십계명은 출애굽기 20장 1-17절과 신명기 5장 5-21절에 기록되어 있다.

1. 나 외에는 다른 신들을 네게 두지 말지니라
2. 너는 자기를 위하여 새긴 우상을 만들지 말고… 그것들에게 절하지 말며 그것들을 섬기지 말라
3. 너는 네 하나님 여호와의 이름을 망령되이 일컫지 말라
4. 안식일을 지켜 거룩하게 하라
5. 네 부모를 공경하라
6. 살인하지 말지니라
7. 간음하지 말지니라
8. 도둑질하지 말지니라
9. 네 이웃에 대하여 거짓 증거하지 말지니라
10. 네 이웃의 모든 소유를 탐내지 말지니라

여호수아

이스라엘 백성은 수 세기 전 하나님이 아브라함에게 약속하신 땅에 거주하고 있다.

시기 약 BC 1406-1350

지역 가나안

인물 여호수아, 라합

주요 사건 여호수아는 이스라엘 백성을 이끌고 약속의 땅에 있는 주요 도시를 점령한 후 그 땅을 배분해 정착시킨다. 110세의 나이로 죽기 전, 백성들의 믿음을 격려하는 작별 설교를 한다.

흥미로운 사실 여호수아는 누구든 여리고를 재건하려는 자에게 저주가 임할 것을 선포한다. 그 사람의 아들이 죽을 것이라고 저주한다(수 6:26). 열왕기상 16장 34절에서 이 저주가 이루어진다.

읽을 이유 여호수아서는 하나님의 신실하심을 상기시키고 믿음의 보상을 보여준다.

유명한 구절 "너희가 섬길 자를 오늘 택하라 오직 나와 내 집은 여호와를 섬기겠노라 하니"(수 24:15)

여호수아와 언약궤가 요단강을 건너다.

사사기

이스라엘 백성은 죄, 억압, 회개, 구원, 평화라는 반복적인 순환에 빠진다.

시기 약 BC 1350-1050

지역 가나안

인물 드보라, 기드온, 삼손(그리고 들릴라), 그 외 다른 사사

주요 사건 여호수아 이후 몇백 년 동안 몇몇 사사들이 비공식적으로 이스라엘을 다스린다. 이들은 재판자로서의 지도자라기보다 군대를 이끄는 지도자였다. 하나님은 필요한 시기와 장소에서 사사를 불러 능력을 주신다.

흥미로운 사실 사사기 10장 1절에 '도도'라는 사람이 나온다.

읽을 이유 사사기는 왜 우리가 계속해서 하나님께 충성해야 하는지를 상기시킨다.

유명한 구절 "그 때에 이스라엘에 왕이 없으므로 사람이 각기 자기의 소견에 옳은 대로 행하였더라"(삿 21:25)

사사	이름의 뜻	성경 구절
옷니엘	하나님의 사자	삿 1:12-14; 3:7-11
에훗	강하다	삿 3:12-30
삼갈	술 따르는 자	삿 3:31
드보라	벌	삿 4:1-5:31
기드온	베는 자	삿 6:1-8:32
돌라	주홍색	삿 10:1-2
야일	주가 깨닫게 하신다	삿 10:3-5
입다	그가 여신다	삿 10:6-12:7
입산	눈부신	삿 12:8-10
엘론	참나무	삿 12:11-12
압돈	섬김	삿 12:13-15
삼손	뛰어난(혹은 태양)	삿 13:1-16:31

룻기

사사 시대의 어두운 배경과 대조되는 희망 이야기다.

시기 연대 미상(사사 시대 어디쯤, 약 BC 1350-1051)

지역 모압, 베들레헴

인물 룻, 나오미, 보아스

주요 사건 모압에서 남편을 잃고 무일푼이 된 나오미는, 과부가 된 모압 며느리 룻과 함께 고향 베들레헴으로 돌아온다. 며느리 룻은 단호하게 시어머니 나오미를 따른다. 그들은 베들레헴에서 동정심 많은 보아스에게 도움을 받는다. 보아스는 가까운 친척이었기에 가족의 구원자("기업 무를 자" 혹은 후견인) 역할을 하여 나오미의 땅을 구입해 주고 룻과 결혼한다. 수 세기 후 예수님(보아스와 룻의 후손)이 궁극적인 구원자로 역할하실 것이다.

베들레헴 밀밭에 있는 룻

흥미로운 사실 고대 이스라엘에서 부동산 거래는 당사자 중 한 사람이 신발을 벗어 상대에게 줌으로써 마무리되었다(룻 4:7-8).

읽을 이유 룻기를 읽으면 퇴폐적인 문화 속에서 사랑과 헌신의 놀라운 표본을 보게 된다.

유명한 구절 "어머니의 백성이 나의 백성이 되고 어머니의 하나님이 나의 하나님이 되시리니"(룻 1:16)

사무엘상

사무엘 선지자가 이스라엘 첫 두 왕에게 기름을 붓는다.

사무엘이 다윗에게 기름을 붓다.

시기 약 BC 1100-1011

지역 이스라엘

인물 사무엘, 사울, 다윗

주요 사건 소란스러운 사사 시대 말기에 이스라엘 백성은 왕을 달라고 아우성친다. 사무엘 선지자는 사울을 이스라엘 첫 왕으로 기름 붓는다. 사울이 하나님께 불순종하자 사무엘은 그 나라를 이끌 다음 왕으로 다윗에게 기름 붓는다. 그러나 그로부터 수년 후에야 다윗은 왕위를 얻는다.

흥미로운 사실 다윗은 젊었을 때 키가 거의 3미터 (9피트)가 넘는 골리앗 장군을 전쟁에서 무찌른다(삼상 17:4).

읽을 이유 사무엘상을 읽으면 하나님을 별로 사랑하지 않는 왕과 영적으로 매우 헌신하는 왕이 극명하게 대조된다.

유명한 구절 "사람은 외모를 보거니와 나 여호와는 중심을 보느니라"(삼상 16:7)

다윗의 인생 시간표

- 비밀리에 하나님의 지휘 아래 사무엘이 젊은 목동 다윗에게 왕으로 기름 붓는다.

- 전쟁에서 거인 골리앗을 죽인다.

- 사울 왕이 다윗의 성공을 질투한다.

- 사울의 아들 요나단이 다윗과 평생의 우정을 선언한다.

- 사울 왕의 딸 미갈과 결혼한다.

- 사울이 질투로 다윗을 죽이려 하자 다윗이 도망친다.

- 도망하던 다윗이 싸울 만한 사람을 모으고 이스라엘의 적을 공격한다.

- 다윗이 두 여인 아비가일, 아히노암과 결혼한다.

- 사무엘이 죽고 얼마 되지 않아 사울 왕과 요나단이 둘 다 전쟁에서 죽는다.

사무엘하

매우 흠이 많지만 그럼에도 하나님의 마음에 합한 사람 다윗 왕의 이야기다.

시기 약 BC 1011-971

지역 이스라엘

인물 다윗, 밧세바, 나단

주요 사건 사울 왕이 죽자 다윗이 왕위에 오른다. 다윗은 군사적 정치적으로 큰 업적을 세우나 도덕적으로 큰 잘못을 저지른다(밧세바와 간음하고, 밧세바의 남편 우리아를 죽임). 이로 인해 가족과 나라에 오랜 기간 문제가 발생한다.

흥미로운 사실 브나야는 성경에서 사자를 죽인 세 사람 중 하나다(삼하 23:20). 다른 두 명은 삼손과 다윗이다(삿 14:5-9; 삼상 17:34-36).

읽을 이유 사무엘하를 읽으면 영적 안일함의 위험성과 (하나님이 자비를 베푸셔도) 죄의 결과가 얼마나 냉혹한지를 알 수 있다.

유명한 구절 "다윗이 나단에게 이르되 내가 여호와께 죄를 범하였노라"(삼하 12:13)

- 30세에 공식적으로 이스라엘의 왕이 된다.

- 아내를 더 취하고 자녀를 많이 낳는다.

- 예루살렘을 정복하고 수도로 삼는다.

- 밧세바를 취하고 밧세바의 남편 우리아를 죽게 하여 죄를 범한다.

- 다윗이 회개하지만 다윗과 밧세바 사이에서 낳은 아이가 죽는다.

- 다윗과 밧세바가 또 다른 자녀를 낳는데, 바로 솔로몬이다.

- 다윗 가족과 왕국이 심각한 갈등과 폭력을 경험한다.

- 다윗이 죽고 솔로몬에게 왕국을 남긴다.

열왕기상

솔로몬 왕이 집권하고 뒤따라 왕국이 분열한다.

시기 약 BC 971-853 **지역** 이스라엘, 유다

인물 솔로몬, 엘리야, 엘리사

주요 사건 다윗의 아들 솔로몬은 왕좌를 이어받고 하나님께 큰 지혜를 얻는다. 솔로몬은 성전을 건축하고, 왕국은 평화롭게 번영한다. 그러나 아내를 많이 들이면서, 그들이 믿던 신까지 들여와 마음과 생각이 타락하고 만다. 솔로몬이 죽자 왕국은 북쪽 열 지파와 남쪽 두 지파로 분열된다.

흥미로운 사실 성전을 봉헌하면서 소 2만 2천 마리, 양 12만 마리를 희생제물로 바쳤다(왕상 8:62-63).

읽을 이유 열왕기상을 읽으면 솔로몬처럼 지혜로운 사람도 하나님을 섬기기보다 다른 것에 우선순위를 둘 때 유혹에 빠질 수 있음을 알게 된다.

유명한 구절 "네 하나님 여호와의 명령을 지켜 그 길로 행하여 그 법률과 계명과 율례와 증거를 모세의 율법에 기록된 대로 지키라"(왕상 2:3)

열왕기하

이스라엘과 유다가 쇠퇴하고 몰락한다.

시기 약 BC 853-586 **지역** 이스라엘, 유다

인물 웃시야, 히스기야, 요시아, 다른 왕들, 엘리야, 엘리사

주요 사건 경건하지 않은 왕이 연이어 나오면서 북이스라엘 왕국은 BC 722년에 앗시리아에 패망한다. 유다 남왕국에서는 가끔 몇몇 경건한 왕이 나와 온 나라가 하나님께로 돌아서게 했다. 그러나 BC 586년에 예루살렘이 파괴되고 유다는 바벨론에 포로로 잡혀간다.

흥미로운 사실 예후가 무모하게 첫 번째로 병거를 몬 사람으로 나온다(왕하 9:20).

읽을 이유 열왕기하는 순종이 왜 중요한지, 그리고 어떻게 긍정적인 영향을 미치는지 보여준다.

유명한 구절 "엘리야가 회오리 바람으로 하늘로 올라가더라"(왕하 2:11)

역대상

다윗 왕의 통치에 초점을 맞춰 이스라엘의 역사를 다시 들려준다.

시기 약 BC 1011-971   **지역** 이스라엘, 유다

인물 다윗

주요 사건 이스라엘 역사를 다시 한번 반복하고 있어서(역대상 9장에 나오는 족보를 시작으로) 사무엘하와 많은 사건이 겹치지만, 역대상은 좀 더 제사장적인 관점에서 쓰였다. 바벨론 포로기 이후에 돌아온 사람들을 격려하기 위해 기록된 것으로 보인다.

흥미로운 사실 천사라는 단어는 히브리어 '말라크'(malach)를 번역하기 위해 사용된 그리스어에서 나온 말이다(예를 들면, 대상 21:12-16). 히브리어와 그리스어 모두 '전달자'(messenger)라는 의미다.

읽을 이유 하나님은 자기 백성과 약속하신 것에 신실하신 분임을 알고 용기를 얻게 된다.

유명한 구절 "야베스가 이스라엘 하나님께 아뢰어 이르되 주께서 내게 복을 주시려거든 나의 지역을 넓히시고"(대상 4:10)

역대하

솔로몬의 통치와 솔로몬 이후 남유다 왕국의 역사를 다시 말한다.

시기 약 BC 971-538   **지역** 유다, 바벨론

인물 솔로몬과 열아홉 왕

주요 사건 이스라엘 역사에 대한 이 기록은 열왕기상하의 사건을 많은 부분 반복한다. 원래 역대상과 함께 한 권의 책이었고, 역시 제사장적인 관점에서 기록하고 있다. 포로에서 돌아온 유대인들을 격려하기 위해 기록되었다.

흥미로운 사실 웃시야 왕은 흙(정원 가꾸기)을 좋아했다(대하 26:10).

읽을 이유 하나님을 위해 사는 삶의 기쁨과 그분에게서 돌아서는 위험을 잘 보여준다.

유명한 구절 "내 이름으로 일컫는 내 백성이 그들의 악한 길에서 떠나 스스로 낮추고 기도하여 내 얼굴을 찾으면 내가 하늘에서 듣고 그들의 죄를 사하고 그들의 땅을 고칠지라"(대하7:14)

에스라

유대인들이 포로생활을 마치고 고향으로 돌아왔을 때 일어난 일에 대해 말한다.

시기 약 BC 538-450

지역 바벨론, 예루살렘

인물 고레스, 스룹바벨, 학개, 스가랴, 다리우스, 에스라

주요 사건 바사 왕 고레스의 칙령에 따라 유대인들이 예루살렘으로 돌아오기 시작한다. 첫 번째 그룹은 스룹바벨이라는 정치 지도자가 이끌었고 성전 재건에 중점을 둔다. 수십 년 후 제사장 에스라가 또 다른 그룹을 이끌고 돌아와 부흥의 불을 붙인다.

흥미로운 사실 에스라는 모세의 형 아론의 직계손이다(스 7:1-5).

읽을 이유 자기 백성을 향한 하나님의 신실하심과 그분의 말씀에 우리가 신실해야 함을 잘 보여준다.

유명한 구절 "모든 백성이 여호와의 성전 기초가 놓임을 보고 여호와를 찬송하며 큰 소리로 즐거이 부르며"(스 3:11)

느헤미야

예루살렘 성벽을 재건한다.

시기 약 BC 445-432

지역 바벨론, 예루살렘

인물 느헤미야, 아닥사스다 왕, 에스라

주요 사건 느헤미야(페르시아에서 고위공무원이던 유대인)는 사람들을 이끌고 예루살렘으로 돌아와 많은 반대를 무릅쓰고 예루살렘 성벽을 재건한다.

흥미로운 사실 매년 치르는 초막절이 되면 이스라엘 사람들은 나뭇가지와 막대기로 작은 천막을 짓고 그곳에서 지냈다(느 8:14-17). 이 축제는 예수님 당시에도 지켰고, 오늘날에도 '수코트'(Sukkot)라 하여 지키고 있다(요 7:2).

읽을 이유 크신 하나님을 믿을 때 무엇이 가능한지를 강력하게 상기시킨다.

유명한 구절 "여호와로 인하여 기뻐하는 것이 너희의 힘이니라"(느 8:10)

에스더

젊은 유대인 여자가 페르시아(바사) 제국의 왕비가 되고, 민족 말살의 위기에서 자기 민족을 구한다.

시기 약 BC 478

지역 페르시아 수사(바사 수산궁)

인물 에스더, 모르드개, 아닥사스다 왕, 하만

주요 사건 에스더는 페르시아 아닥사스다 왕의 왕비로 뽑힌 후, 그 지위를 이용해 자기 민족을 말살하려는 하만의 계획을 뒤엎는다.

흥미로운 사실 에스더서에는 하나님의 이름이 나오지 않는다. 그러나 이 책에 나오는 사건에서는 하나님의 능력이 분명히 나타난다.

읽을 이유 하나님이 무대 뒤에서 목적을 완수하기 위해 모든 사건을 지휘하고 계심을 분명히 알 수 있다.

유명한 구절 "네가 왕후의 자리를 얻은 것이 이 때를 위함이 아닌지 누가 알겠느냐"(에 4:14)

에스더 왕비가 하만을 비난하다.

욥기

부유한 하나님의 사람이 믿음만 제외하고 모든 것을 잃는다.

바이블 팩트

히브리 시는 운율을 맞추지 않는 대신 단어와 구절을 반복한다. 상징, 모순, 대조, 비유, 과장, 강렬한 언어를 사용한다.

시기 연대 미상. 약 BC 2100

지역 우스 땅(장소 미상)

인물 욥, 하나님, 사탄, 욥의 친구들

주요 사건 하나님은 사탄이 하나님에 대한 욥의 헌신을 시험하도록 욥의 재산과 자녀와 건강을 빼앗는 것을 허락하신다. 욥의 친구들은 욥이 당한 역경의 이유를 말해 주려고 애쓴다. 그러나 결국에는 하나님이 욥의 편을 들어주시고, 욥의 친구들을 나무라시며, 욥이 잃은 것을 회복시켜주신다.

흥미로운 사실 욥기 39장 9절부터 12절에는 길들일 수 없는 야생동물에 대해 언급한다. 대부분의 성경 번역서가 이 동물을 "들소"로 번역한다. 킹제임스(KJV) 성경은 '유니콘'이라고 언급한다.

읽을 이유 정말 이해할 수 없는 고난 가운데서 어떻게 하나님을 신뢰할 수 있는지 잘 보여준다.

유명한 구절 "주신 이도 여호와시요 거두신 이도 여호와시오니 여호와의 이름이 찬송을 받으실지니이다"(욥 1:21)

슬퍼하는 욥과 친구들

시편

하나님에 관한 기도와 노래 모음집

시기 약 BC 1410-450

지역 이스라엘

인물 다윗과 다른 작가들

주요 사건 이스라엘의 찬송책으로 시 150개로 구성되어 있다(거의 절반을 다윗이 썼다). 개인이 드리는 한탄시도 있고, 공동체로 드리는 한탄시도 있으며, 감사기도와 찬양시도 있고, 신뢰를 노래한 시도 있다.

흥미로운 사실 성경에서 가장 짧은 장이 시편 117편이다. 가장 긴 장은 시편 119편이다.

읽을 이유 좋을 때나 나쁠 때 어떻게 하나님을 예배할 수 있는지 알게 되고, 하나님을 향해 그 시편으로 기도하게 된다.

유명한 구절 "주의 말씀은 내 발에 등이요 내 길에 빛이니이다"(시 119:105)

시편 23편

시편 23편은 성경에서 매우 사랑받는 구절 중 하나다. 이 아름다운 시편은 우리에게 있는 기쁨과 두려움을 직접적으로 말하며, 주님이 우리를 돌보시고 이해하신다는 사실을 상기시켜준다. 훌륭한 목자가 보살피는 양처럼 우리는 그분의 보호하심과 공급하심에 의존한다.

여호와는 나의 목자시니
내게 부족함이 없으리로다
그가 나를 푸른 풀밭에 누이시며
쉴 만한 물가로 인도하시는도다
내 영혼을 소생시키시고
자기 이름을 위하여 의의 길로 인도하시는도다
내가 사망의 음침한 골짜기로 다닐지라도
해를 두려워하지 않을 것은
주께서 나와 함께 하심이라
주의 지팡이와 막대기가 나를 안위하시나이다
주께서 내 원수의 목전에서 내게 상을 차려 주시고
기름을 내 머리에 부으셨으니 내 잔이 넘치나이다
내 평생에 선하심과 인자하심이 반드시 나를 따르리니
내가 여호와의 집에 영원히 살리로다

_ 시편 23편

잠언

어리석은 삶과 지혜로운 삶의 차이에 대한 말 모음

시기 약 BC 900년대-700년대

지역 이스라엘

인물 솔로몬 왕(아굴과 르무엘의 글도 포함)

주요 사건 솔로몬의 아들(솔로몬이 이름을 밝히지는 않음)에게 주는 일련의 교훈으로 시작해, 모든 사람을 위한 건전한 충고와 자명한 이치를 말한다.

흥미로운 사실 잠언에서 개미를 두 번이나 칭찬한다(잠 6:6; 30:25).

읽을 이유 관계, 일, 말하는 것, 성공적인 삶에 대한 온갖 실질적인 통찰력을 얻을 수 있다.

유명한 구절 "너는 마음을 다하여 여호와를 신뢰하고 네 명철을 의지하지 말라"(잠 3:5)

전도서

하나님을 떠난 삶의 공허함을 정직하게 바라본다.

시기 약 BC 971-931

지역 이스라엘

인물 "다윗의 아들 예루살렘 왕 전도자"(전도서 1:1)

주요 사건 세상에 지치고 환멸을 느낀 저자(솔로몬 왕)가 삶의 의미와 목적에 대해 반추한다.

흥미로운 사실 NIV 성경을 보면 'meaningless'(헛되다)라는 단어가 전도서에만 30회 이상 나온다. 다른 번역본은 'futile'(허무) 혹은 'vanity'(공허)라는 단어를 사용한다.

읽을 이유 하나님을 떠난 삶은 전혀 삶이 아님을 강력하게 일깨워준다.

유명한 구절 "범사에 기한이 있고 천하 만사가 다 때가 있나니"(전 3:1)

아가

열정적인 사랑에 관한 책이다.

시기 약 BC 971-931

지역 이스라엘

인물 사랑하는 자(솔로몬)와 그의 신부

주요 사건 솔로몬의 노래라고도 불리는 이 열정적인 시는 친밀하고 헌신적인 부부간의 사랑이 갖는 아름다움과 기쁨을 노래한다. 어떤 이들은 이 책이 예수님과 그분의 교회를 상징한다고 본다. 즉, 예수님은 신랑이고 교회는 정결하고 흠 없는 신부로 보는 것이다.

흥미로운 사실 솔로몬의 신부는 레바논에서 왔을 것이다(아 4:8).

읽을 이유 하나님이 주신 큰 선물인 부부간의 친밀함과 사랑에 대해 알 수 있다.

유명한 구절 "그 사랑은 내 위에 깃발이로구나"(아 2:4)

대선지서

이사야

남왕국 유다가 하나님께 돌아오기를 촉구한다.

시기 약 BC 760-673

지역 유다

인물 이사야

주요 사건 모든 예언서 중 가장 긴 예언서로 임박한 심판을 경고하는 한편, 미래의 희망으로 백성을 위로한다. 두 가지 예언이 나온다. 첫째, 바벨론이 유다를 정복하고 유다 사람들을 포로로 잡아갈 것이라는 예언이다. 그로부터 70년 후 고레스 왕은 그들이 고향으로 돌아가도록 허락한다.

흥미로운 사실 성경에서 가장 긴 이름 중 하나가 이사야 아들의 이름이다. "마헬살랄하스바스"(사 8:1)로 '노략이 속히 오리라'는 뜻이다.

읽을 이유 하나님의 거룩하심, 은혜, 모든 것을 주권적으로 통치하시는 능력을 서사적으로 볼 수 있다.

유명한 구절 "두려워하지 말라 내가 너와 함께 함이라 놀라지 말라 나는 네 하나님이 됨이라"(사 41:10)

이사야 선지자

예레미야

마음이 아픈 선지자가 마음이 굳은 유다를 향해 죄에서 돌이키라고 말한다.

시기 약 BC 626-582

지역 유다

인물 예레미야와 많은 왕

주요 사건 예레미야 선지자는 이사야 선지자와 마찬가지로, 남왕국 유다가 곧 바벨론에 의해 멸망하고 70년 동안 포로생활을 하다가 유다로 다시 돌아오게 될 거라고 경고한다.

흥미로운 사실 예레미야가 예언을 시작했을 때 요시아 왕은 21세였고 이미 13년간 통치하고 있었다(왕하 22:1; 렘 1:2).

읽을 이유 말하기 어려운 진리를 큰 사랑으로 전한다는 것이 어떤 의미인지 잘 말해 준다.

유명한 구절 "너희를 향한 나의 생각을 내가 아나니 평안이요 재앙이 아니니라 너희에게 미래와 희망을 주는 것이니라"(렘 29:11)

예레미야애가

예루살렘이 멸망하고 백성이 포로로 끌려가는 것에 대한 예레미야의 슬픔이다.

시기 약 BC 586

지역 유다, 예루살렘

인물 예레미야

주요 사건 예레미야는 유다가 망하고, 성전이 파괴되고, 백성이 포로로 끌려가는 것에 대해 장송가 형식으로 큰 슬픔을 표현한다.

흥미로운 사실 "눈"이 예레미야애가 4장 7절에 언급되는데, 성경 다른 곳에서도 20회 이상 언급된다.

읽을 이유 하나님은 자기 백성이 죄를 짓고 고통받는 것을 슬퍼하신다는 사실을 상기시킨다.

유명한 구절 "여호와의 인자와 긍휼이 무궁하시므로 우리가 진멸되지 아니함이니이다 이것들이 아침마다 새로우니 주의 성실하심이 크시도소이다"(애 3:22-23)

에스겔

포로로 끌려간 하나님의 백성을 향한 꾸짖음, 회개 촉구, 깊이 생각해 볼 환상, 희망의 메시지가 기록되어 있다.

시기 약 BC 593-571

지역 바벨론

인물 에스겔, 바벨론 느브갓네살 왕

주요 사건 제사장이었다가 선지자가 된 에스겔은 심판과 소망의 메시지를 전하는데, 종종 기괴한 방법을 사용한다.

흥미로운 사실 에스겔은 터번을 썼다(겔 24:16-17).

읽을 이유 하나님은 정말로 신비한 방법으로 일하신다는 것을 상기시킨다.

유명한 구절 "그 몸에서 돌 같은 마음을 제거하고 살처럼 부드러운 마음을 주어"(겔 11:19)

다니엘

바벨론 포로 시기에 활동한 한 유대인 예언자의 놀라운 삶과 신비한 환상

시기 약 BC 605-535

지역 바벨론

인물 다니엘, 바벨론 느브갓네살 왕, 사드락, 메삭, 아벳느고

주요 사건 다니엘은 유다에서 바벨론으로 끌려가 강제로 느브갓네살 왕을 섬기지만 신실한 사람이다. 미래에 대한 환상을 통해, 하나님이 역사를 통치하시고 구원자가 오실 것임을 하나님의 백성들이 알게 한다.

사자굴 속의 다니엘

흥미로운 사실 다니엘은 바벨론에 오자마자 벨드사살이라는 이름을 받는다. 본래 다니엘이라는 이름은 '하나님은 나의 심판자'라는 뜻인데, 벨드사살은 '벨(바벨론 신)이 보호한다'는 뜻이다(단 1:7).

읽을 이유 하나님의 목적과 계획은 방해받을 수 없음을 알게 된다.

유명한 구절 "내가 또 밤 환상 중에 보니 인자 같은 이가 하늘 구름을 타고 와서"(단 7:13)

소선지서

소선지자들의 삶과 사역은 3백년이라는 시간을 넘어서는데, 유대 역사에서 많은 사건이 일어난다. 구약성경에서 그들이 등장하는 순서는 호세아, 요엘, 아모스, 오바댜, 요나, 미가, 나훔, 하박국, 스바냐, 학개, 스가랴, 말라기다. 다음 도표는 연대기 순으로 정리한 것이다.

선지자	연대	세부 내용
요나	약 BC 783-753	앗시리아의 수도 니느웨에서 마지못해 회개의 메시지를 전한다. 요나 이야기는 모든 사람을 향한 하나님의 사랑을 강조한다.
아모스	약 BC 760-753	목자이자 농부였다가 선지자가 된 사람으로, 북왕국의 부유층을 향해 회개를 촉구한다.
호세아	약 BC 752-722	이사야 선지자와 동시대 인물로 이름의 뜻은 '구원'이다. 북왕국에서 예언했다.
미가	약 BC 738-698	심판이 올 것이고 메시아도 올 것을 전했다.
나훔	약 BC 663-612	요나로 인해 회복한 믿음이 오래 지속되지 않자, 나훔이 앗시리아에 다가올 심판을 전한다.
스바냐	약 BC 641-628	심판과 그 후에 있을 회복을 전한다.
하박국	약 BC 609-598	악한 나라 바벨론을 이용해 유다를 심판하려는 하나님의 목적에 의문을 제기한다. 그러나 결국에는 하나님을 신뢰한다.
오바댜	약 BC 586	구약에서 가장 짧은 책을 썼다. 에돔 족속에게 임할 심판을 경고한다. 같은 시기에 남왕국 유다가 바벨론에 멸망당한다.
학개	약 BC 520	동족에게 성전 재건을 촉구했고, 그로부터 4년 후인 BC 516년에 스룹바벨의 지도 하에 성전을 재건한다.
스가랴	약 BC 520-518	오실 메시아를 전하며 성전 재건 역사를 완성하자고 촉구한다.
말라기	약 BC 400년대	안일하고 몰인정한 백성을 마주한다.
요엘	연대 미상	시청각 교육으로 메뚜기 재앙을 사용해 유다에 예언한다.

호세아

호세아 선지자의 음탕한 아내는 국가의 불충실함을 상징한다.

바이블 팩트

구약의 선지자 열두 명은 소선지자로 언급된다. 그렇다고 그들의 사역이 중요하지 않다는 의미는 아니다. 다만 대선지자들과 비교해 그들이 쓴 책이 짧다는 의미다.

시기 약 BC 752-722

지역 이스라엘 북왕국

인물 호세아, 고멜

주요 사건 하나님은 호세아 선지자에게 불충실한 아내(고멜)를 맞아, 이스라엘이 거짓 신을 좇음으로써 어떻게 하나님을 속여 왔는지 보여주라고 지시하신다.

흥미로운 사실 호세아의 이름은 '구원'이라는 의미다.

읽을 이유 죄는 단순히 하나님의 율법을 어기는 것이 아니라 하나님의 마음을 아프게 하는 것임을 보여준다.

유명한 구절 "나는 인애를 원하고 제사를 원하지 아니하며 번제보다 하나님을 아는 것을 원하노라"(호 6:6)

요엘

메뚜기 재앙은 다가올 심각한 심판을 보여준다.

시기 연대 미상(BC 609-586 혹은 BC 515-350으로 추측)

지역 남왕국 유다

인물 요엘, 유다 백성

주요 사건 요엘은 자기 민족에게 죄짓기를 멈추지 않으면 주님의 심판이 있을 거라고 경고한다.

흥미로운 사실 성경에는 '요엘'이라는 이름을 가진 사람이 열세 명 등장한다.

읽을 이유 하나님은 죄를 심판하시지만, 회개하는 죄인에게는 은혜를 베푸신다는 사실을 상기시킨다.

유명한 구절 "누구든지 나 여호와의 이름을 부르는 자는 구원을 얻으리니"(욜 2:32; 행 2:21)

아모스

번영과 현실에 안주하는 사이비 종교 문화에 용감하게 맞선다.

시기 약 BC 760-753

지역 북왕국 이스라엘

인물 아모스, 아마샤

주요 사건 아모스는 불의를 행하는 자들에게 엄격한 진리를 전하라는 하나님의 부르심을 받는다.

흥미로운 사실 아모스는 목자이고 뽕나무를 기르는 농부였다(암 7:14).

읽을 이유 영적 무감각에서 벗어나게 한다.

유명한 구절 "오직 정의를 물 같이, 공의를 마르지 않는 강 같이 흐르게 할지어다"(암 5:24)

뽕나무

오바댜

에돔은 하나님의 택한 백성을 학대하여 정죄받는다.

시기 약 BC 586

지역 예루살렘

인물 오바댜와 에돔

주요 사건 오바댜 선지자는 오만한 에돔을 비난하면서, 그들이 먼 친척 이스라엘과 적대적인 관계가 될 것을 선언한다.

흥미로운 사실 오바댜는 구약에서 제일 짧은 책이다.

읽을 이유 하나님은 자기 백성을 박해하는 자들을 심판하시는 분임을 기억하게 한다.

유명한 구절 "너의 마음의 교만이 너를 속였도다"(옵 1:3)

요나

고집 센 유대인 선지자는 악한 앗시리아 사람들에게 말씀을 전하기 전에 하나님의 설득이 필요했다.

요나가 배 밖으로 던져지다

시기 약 BC 783-753

지역 이스라엘, 니느웨, 지중해

인물 요나와 니느웨 사람들

주요 사건 요나보다 수 세기 후에 등장할 그리스도는 악한 자를 불쌍히 여기고, 회개하라는 하나님의 메시지를 기쁜 마음으로 전하지만, 이와 반대로 요나 선지자는 하나님의 부르심을 거부한다. 그러나 하나님이 삼 일 밤낮을 큰물고기 배 속에서 지내게 하신 후 마음이 누그러져 하나님께 순종한다. 결국 하나님이 이기신다.

흥미로운 사실 요나는 앗시리아에 있는 니느웨, 즉 북동쪽으로 805킬로미터(500마일)를 가라는 명령을 받지만, 반대로 서쪽으로 4,023킬로미터(2,500마일) 떨어진 다시스로 항해한다.

읽을 이유 세상 모든 나라를 향한 하나님의 사랑과 관심을 볼 수 있다.

유명한 구절 "요나가 물고기 뱃속에서 그의 하나님 여호와께 기도하여"(욘 2:1)

미가

정의를 구하고, 인자를 사랑하고, 겸손하게 걸어가라.

시기 약 BC 738-698

지역 유다

인물 미가와 하나님의 백성

주요 사건 미가는 하나님의 백성은 욕심을 겸손으로 바꿔야 한다고 선포한다.

흥미로운 사실 그리스도가 베들레헴에서 탄생한다는 것은 미가 5장 2절에 예언되어 있는데, 예수님이 태어나기 약 7세기 전이다.

읽을 이유 하나님은 불순종을 가볍게 여기지 않으심을 상기시킨다.

유명한 구절 "여호와께서 네게 구하시는 것은 오직 정의를 행하며 인자를 사랑하며 겸손하게 네 하나님과 함께 행하는 것이 아니냐"(미 6:8)

나훔

죄악에 빠진 나라는 뿌린 대로 거둔다.

시기 약 BC 663-612

지역 앗시리아

인물 나훔과 앗시리아 사람들

주요 사건 앗시리아 사람들은 회개하라는 요나의 메시지를 듣고 한동안 따르다가, 다시 예전의 죄악 된 길로 돌아선다. 하나님은 나훔을 보내 그 나라에 심판이 임할 것을 선포하게 하신다.

흥미로운 사실 나훔 선지자는 성경 다른 곳에는 언급되지 않는다.

읽을 이유 하나님은 공의로우시고, 그 누구도 뭔가를 가지고 도망갈 수 없음을 상기시킨다.

유명한 구절 "여호와는 노하기를 더디하시며 권능이 크시며 벌 받을 자를 결코 내버려두지 아니하시느니라"(나 1:3)

하박국

하나님의 방법이 이해되지 않을 때도 하나님의 마음은 신뢰할 수 있다.

시기 약 BC 609-598

지역 유다

인물 하박국과 바벨론 사람들

주요 사건 하박국 선지자는, 하나님이 더 악한 나라를 들어 악을 행한 하나님의 백성을 심판하시는 이유를 알고 싶어한다.

흥미로운 사실 하박국이라는 이름은 '포용하다'라는 뜻이다.

읽을 이유 세계적으로 말도 안 되는 사건이 일어나거나 세상이 무질서하게 돌아가는 것처럼 보일 때 하박국서를 읽으라.

유명한 구절 "너희의 생전에 내가 한 가지 일을 행할 것이라 누가 너희에게 말할지라도 너희가 믿지 아니하리라"(합 1:5)

스바냐

잠들어 있는 사람들을 향해 깨어나라고 요청한다.

시기 약 BC 641-628

지역 예루살렘

인물 유다 사람들

주요 사건 다른 모든 선지서들처럼 (그리고 나중에 나온 신약의 메시지처럼), 스바냐는 하나님의 백성에게 죄에 대한 심판과 죄인을 향한 하나님의 은혜와 소망을 상기시킨다.

흥미로운 사실 스바냐 3장 17절은 하나님이 자기 백성들로 인해 '노래 부르신다'고 말한다.

읽을 이유 영적 무관심에 도전받게 된다.

유명한 구절 "너로 말미암아 즐거이 부르며 기뻐하시리라 하리라"(습 3:17)

학개

하나님 성전의 재건을 마치라!

시기 약 BC 520

지역 예루살렘

인물 학개, 스룹바벨, 대제사장 여호수아, 유다 사람들

주요 사건 유다 사람들이 그들의 예배 처소를 세우라는 중요한 임무를 완성하도록 격려받는다.

흥미로운 사실 학개는 하나님께 메시지 네 개를 받는다. 세 개는 스룹바벨을 위한 것이고, 하나는 그 당시 제사장들을 위한 것이다.

읽을 이유 삶의 우선순위로 씨름할 때 학개서를 읽으라.

유명한 구절 "너희는 너희의 행위를 살필지니라"(학 1:5)

양의 뿔로 만든 피리를 불고 있다.

스가랴

학개 선지자가 말한 것과 같다!

시기 약 BC 520-518

지역 예루살렘

인물 스가랴, 스룹바벨, 대제사장 여호수아, 유다 사람들

주요 사건 동료 선지자 학개와 마찬가지로, 스가랴 선지자는 자기 민족이 성전을 완성하도록 독려한다. 메시아가 오고 있기 때문이다!

스가랴가 본 첫 환상(슥 4:8)

흥미로운 사실 스가랴의 이름은 '주님이 기억하신다'는 뜻이다.

읽을 이유 미래에 대한 소망이 사라질 때 스가랴서를 읽으라.

유명한 구절 "이는 힘으로 되지 아니하며 능력으로 되지 아니하고 오직 나의 영으로 되느니라" (슥 4:6)

말라기

하나님은 자기 백성이 정체되어 있고 아무것도 할 수 없을 때 독려하신다.

시기 약 BC 400년대

지역 예루살렘

인물 말라기와 제사장들

주요 사건 말라기는 동료 유대인들을 사랑하지만, 하나님을 향한 그들의 마음이 점점 차가워지고 굳어가는 것에 단호히 맞선다.

흥미로운 사실 말라기의 4장을 더하면 구약의 총 장수가 929장이 된다.

읽을 이유 영적으로 점점 냉담해질 때 말라기서를 읽으라.

유명한 구절 "너희의 온전한 십일조를 창고에 들여 나의 집에 양식이 있게 하고 그것으로 나를 시험하여 내가 하늘 문을 열고 너희에게 복을 쌓을 곳이 없도록 붓지 아니하나 보라"(말 3:10)

New Testament

신약

성경의 두 번째 부분인 신약은 27권으로 구성되어 있다. 다음 세 개의 하위 범주로 나눌 수 있다.

- 역사서 5개(사복음서와 사도행전)
- 서신서 21개(편지)
- 예언서 1개(계시)

사복음서

마태, 마가, 누가, 요한복음이 사복음서로 불린다. 사복음서는 예수님의 생애를 그리고 있다. 저자마다 다른 대상에게 글을 쓰고 있어, 예수님의 삶에서 각각 다른 점에 초점을 맞춘다.

마태복음의 초점
예수님은 오래 기다리던 메시아, 즉 그리스도다.

마가복음의 초점
예수님은 인류를 위해 종의 마음으로 오셨다.

누가복음의 초점
예수님은 완벽한 인간으로 우리에게 최고의 본이 되신다.

요한복음의 초점
예수님은 하나님의 아들로, 우리가 믿어야 하는 분이다!

 **역사서**

마태복음

예수님이 메시아에 대한 구약의 예언을 어떻게 성취하시는가?

시기 약 BC 4-AD 30

지역 이스라엘 (그리고 이집트에서 잠깐)

인물 예수님, 요셉, 마리아, 헤롯 대왕, 세례 요한, 열두 제자

주요 사건 마태(레위)는 원래 로마 정부를 위해 일하는 세리였는데, 나중에 예수님의 사도가 된다. 마태는 무엇보다 예수님이 메시아임을 동료 유대인들에게 전하고자 한다. 마태는 예수님의 사역(하나님나라에 대해 전하고, 기적을 행하고, 죄 때문에 죽으시고, 죽은 자 가운데서 살아나신 일)에 초점을 맞춘다. 마태는 예수님이 열두 제자를 직접 뽑고, 그들을 보내 세상에 다른 제자들을 만들고자 하셨음을 강조한다.

> **바이블 팩트**
>
> 성경이 말하는 메시아(그리스어로 그리스도)는 '기름 부음 받은 자'라는 뜻의 히브리어에서 유래되었다. 이 말은 다윗 왕의 자손으로, 공의와 평화로 다스리는 영원히 끝나지 않는 나라를 이 땅에 가져올 위대한 선지자/제사장/왕을 가리킨다.

흥미로운 사실 마태복음에는 가장 잘 알려진 예수님의 가르침이 일부 들어있다. 팔복 설교(5:3-12), 산상수훈(5장-7장), 주기도문(6:9-13)이다.

읽을 이유 예수님이 오래전부터 예언된 "유대인의 왕"(2:2; 27:11)이자 우리 왕임을 확인하려면 마태복음을 읽으라.

유명한 구절 "그러므로 너희는 가서 모든 민족을 제자로 삼아 아버지와 아들과 성령의 이름으로 세례를 베풀고"(마 28:19)

마가복음

예수님이 악과 사탄이 하는 일을 어떻게 허물어뜨리시는가?

시기 약 AD 26-30 **지역** 이스라엘

인물 예수님, 세례 요한, 열두 제자, 빌라도, 유대 종교지도자들

주요 사건 마가(마가 요한)는 베드로 사도의 가까운 동료이자 바울과 함께한 사람으로, 로마 기독교인을 대상으로 복음서를 기록한 것으로 보인다. 사복음서 중 가장 극적인 사건 중심으로 쓰였다. 기적을 강조하고, 예수님의 섬김의 모습을 강조한다.

흥미로운 사실 마가복음은 16장으로 구성되어 있는데, '즉시'(immediately)라는 단어가 자주 등장한다. NASB 번역본에서는 거의 40번이나 등장했다.

읽을 이유 예수님이 어떻게 종으로 오신 구원자인지 분명히 보고 싶다면 가장 짧은 마가복음을 읽으라.

유명한 구절 "인자가 온 것은 섬김을 받으려 함이 아니라 도리어 섬기려 하고 자기 목숨을 많은 사람의 대속물로 주려 함이니라"(막 10:45)

누가복음

이방인 의사가 쓴 예수님 전기문으로, 완벽한 인간이자 구원자이신 예수님을 보여준다.

시기 약 BC 4-AD 30 **지역** 이스라엘

인물 엘리사벳, 스가랴, 세례 요한, 마리아, 요셉, 예수님, 헤롯 대왕, 열두 제자, 유대 종교지도자들

주요 사건 누가는 사람들을 향한 예수님의 연민과 사랑, 기도의 중요성, 성령, 예수님이 여성을 동등하게 대하신 것을 강조한다. 이 모든 것은 예수님이 완전히 인간이었음과 "잃어버린 자를 찾아 구원하려"(눅 19:10) 하는 예수님의 엄중한 사명을 보여주기 위함이다.

흥미로운 사실 누가만이 예수님이 십자가에 달리시기 전날 밤에 땀이 "핏방울"같이 되었다고 자세히 기록한다(눅 22:44). '혈한증'(Hematidrosis)은 실제 의학용어로, 사람이 극심한 고통으로 인해 피가 피부 밖으로 새어나오는 증상을 일컫는다.

읽을 이유 예수님의 생애에 대한 학술적이고 철저한 설명을 원한다면 누가복음을 읽으라.

유명한 구절 "인자가 온 것은 잃어버린 자를 찾아 구원하려 함이니라"(눅 19:10)

요한복음

예수님은 완전한 하나님이면서 완전한 인간이시다. 영원한 생명은 오직 그분 안에서만 발견할 수 있다.

시기 약 AD 26-30

지역 이스라엘

인물 예수님, 세례 요한, 열두 제자, 마리아, 마르다, 나사로, 빌라도, 유대 종교지도자들

주요 사건 요한("그[예수님]가 사랑하시는 자", 요 13:23)은 1세기 후반에 복음서를 기록하면서 독자들로 하여금 "예수께서 하나님의 아들 그리스도이심을 믿게 하려 함이요 또 너희로 믿고 그 이름을 힘입어 생명을 얻게 하려" 했다(요 20:31).

흥미로운 사실 성경에서 가장 짧은 구절은 요한복음 11장 35절이다. "예수께서 눈물을 흘리시 더라"

읽을 이유 예수님의 가장 친한 세상 친구(논란의 여지는 있지만)가 전하는 것이기에, 예수님에 대해 특별하고 아주 친밀한 관점을 보여준다.

유명한 구절 "하나님이 세상을 이처럼 사랑하사 독생자를 주셨으니 이는 그를 믿는 자마다 멸 망하지 않고 영생을 얻게 하려 하심이라"(요 3:16)

예수님과 사마리아 여인 (요한복음 4장)

사도행전

사도들과 초대교회의 성령에 이끌린 행위

시기 약 AD 30-62

지역 예루살렘, 유대, 사마리아, 땅끝(행 1:8)

인물 성령, 베드로, 요한, 야고보, 스데반, 빌립, 바울(사울), 바나바, 실라, 누가

주요 사건 누가는 누가복음을 시작하면서 역사적 기록을 이어나가는데, 기독교가 (많은 반대에도 불구하고) 탄생하여 성장하는 과정을 순서대로 설명하고, 예수님의 약속대로 성령이 오실 것을 말한다(요 16:5-15). 1-12장까지는 베드로 사도가 주도한다. 바울 사도는 13-28장에서 주도적인 역할을 한다. 사도행전은 바울이 로마 감옥에 갇히는 것으로 끝난다. 이 누가의 사도행전은 종종 '사도들의 행전'으로 불리는데, 더 엄밀히 말하면 '성령이 개입하여 사도들이 행한 일'이라고 제목을 붙일 수 있다.

흥미로운 사실 바울이 설교하는 동안 유두고라는 남자가 졸다가 위층 창문에서 떨어져 죽는다. 바울은 아래로 내려가 그 남자를 살려낸다(행 20:9-12).

읽을 이유 삶을 변화시키는 하나님의 초자연적인 능력을 보며 용기를 얻고 싶으면 사도행전을 읽으라.

유명한 구절 "오직 성령이 너희에게 임하시면 너희가 권능을 받고 예루살렘과 온 유대와 사마리아와 땅 끝까지 이르러 내 증인이 되리라 하시니라"(행 1:8)

지중해에 있는 크레타 섬

서신서

로마서

기독교 믿음과 삶의 기본

시기 약 AD 56-57

지역 고린도에 있는 바울이 로마에 보낸 편지

인물 바울, 로마교회

주요 사건 바울의 신학적 완성작인 이 편지는, 그리스도인들이 죄와 구원에 대해 믿는 바가 무엇인지, 그리고 이러한 영원한 진리의 빛 안에서 그리스도인들은 어떻게 살아야 하는지에 대해 말한다.

바이블 팩트

신약 27권 중 21권이 서신서다. 어떤 것은 길고 어떤 것은 메모보다 짧다. 어떤 것은 교회에게 쓴 것이고, 어떤 것은 개인에게 쓴 것이다. 이 서신서 중 처음 13개는 바울이 쓴 것이고, 나머지는 다른 교회지도자들이 썼다.

흥미로운 사실 16세기 위대한 개혁가인 마틴 루터는 로마서를 가리켜 "모든 기독교인이 한 단어 한 단어 모두 알아야 할 뿐 아니라 날마다 영혼의 일용한 양식으로 묵상해야 할 주제"라고 말했다.

읽을 이유 하나님의 은혜를 느끼지 못하거나 하나님의 사랑에 의문이 생길 때 로마서를 읽으라.

유명한 구절 "우리가 알거니와 하나님을 사랑하는 자 곧 그의 뜻대로 부르심을 입은 자들에게는 모든 것이 합력하여 선을 이루느니라"(롬 8:28)

고린도전서

정결하지 않은 세상에서 정결하게 살려고 몸부림치라.

시기 약 AD 55-56 **지역** 에베소에 있는 바울이 고린도에 보낸 편지

인물 바울, 고린도교회에 있는 미성숙한 신자들

주요 사건 바울은 고린도(공공연한 이교 도시)교회에 있는 분파와 비도덕성을 강하게 지적한다. 그런 다음 어떻게 다같이 하나님을 예배하는지 가르치고, 그리스도의 부활에 대한 질문에 답한다.

흥미로운 사실 그리스인들이 고린도라는 이름에서 동사 하나를 만들어내는데, 그 동사에는 술취하고 부도덕하게 산다는 의미가 있다.

읽을 이유 하나님을 사랑하고 이웃을 사랑하라는 대계명을 지키는 것이 중요한 이유를 알려준다.

유명한 구절 "사랑은 오래 참고 사랑은 온유하며 시기하지 아니하며 사랑은 자랑하지 아니하며 교만하지 아니하며"(고전 13:4)

고린도후서

바울은 자신의 사역을 부당하게 공격하는 사람들에 맞서 복음이 의심받지 않게 하려 한다.

시기 약 AD 56-57 **지역** 빌립보에 있는 바울이 고린도에 보낸 편지

인물 바울, 디모데, 고린도교회, 거짓 교사들

주요 사건 고린도교회에 침투해 들어와 있던 거짓 교사들은 바울의 권위에 의문을 제기한다. 이에 바울은 예수 그리스도의 참된 사도로서 자신의 지위를 변호하고자 편지를 쓴다. 예수님을 사랑하는 기독교인들이 어떻게 예수님을 위해 기꺼이 고난받을 수 있는지 강조한다. 바울은 자신을 예로 들며, 어떻게 복음을 위해 기꺼이 고난을 감수했는지 말한다.

흥미로운 사실 바울 당시 고린도는 그리스에서 가장 현대적이고 산업이 발전한 도시였다.

읽을 이유 악한 세상에서 하나님의 진리에 따라 흔들림 없이 사는 것이 중요함을 알게 된다.

유명한 구절 "내가 그리스도를 위하여 약한 것들과 능욕과 궁핍과 박해와 곤고를 기뻐하노니 이는 내가 약한 그 때에 강함이라"(고후 12:10)

갈라디아서

종교적 노력이 우리와 하나님의 관계를 바르게 하지 않는다.

시기 약 AD 49

지역 바울(위치는 알려져 있지 않음)이 소아시아(갈라디아)에 보낸 편지

인물 바울, 디모데, 디도, 갈라디아에 있는 교회들, 거짓 교사들

주요 사건 몇몇 유대 교사들이 바울의 메시지에 이의를 제기하고 그의 사역을 불신한다. 그러자 바울은 오직 믿음을 통해 오직 하나님의 은혜로만(우리가 행하는 어떤 것이 아닌) 구원받는 것임을 강력하게 전달하는 편지를 보낸다.

흥미로운 사실 바울은 부활하신 그리스도를 만난 후 아라비아에서 약 3년을 보낸다(갈 1:17-18).

읽을 이유 하나님께 인정받는 것이 자신에게 달린 것처럼 느껴질 때 갈라디아서를 읽으라.

유명한 구절 "오직 성령의 열매는 사랑과 희락과 화평과 오래 참음과 자비와 양선과 충성과 온유와 절제니 이같은 것을 금지할 법이 없느니라"(갈 5:22-23)

에베소서

하나님이 그리스도 안에서 우리를 위해 행하신 모든 것을 보게 된다.

시기 약 AD 60-62

지역 로마에 있는 바울이 에베소에 보낸 편지

인물 바울, 에베소교회

주요 사건 이 짤막한 편지는 그리스도인들이 그리스도 안에서 누리는 풍성함과, 믿는 자들이 그리스도를 위해 삶에서 감당해야 할 책임을 보여준다.

흥미로운 사실 에베소(오늘날 터키)에 있는 고고학 유적은 성경 시대를 가장 잘 보존하고 있다.

읽을 이유 믿음을 굳건히 하고 성장하는 삶을 살고 싶다면 에베소서를 읽으라.

유명한 구절 "너희는 그 은혜에 의하여 믿음으로 말미암아 구원을 받았으니 이것은 너희에게서 난 것이 아니요 하나님의 선물이라"(엡 2:8)

빌립보서

감옥에 갇힌 바울이 보낸 기쁨의 감사 편지

시기 약 AD 60-61

지역 로마에 있는 바울이 빌립보에 보낸 편지

인물 바울, 빌립보교회

주요 사건 바울은 로마 감옥에서 재정 후원에 대한 감사를 표하기 위해 이 편지를 쓴다. 바울은 자신이 누리는 기쁨을 표현하면서, 그리스에 있는 믿는 자들에게 겸손하고 하나 되어(즉, 그리스도를 더 잘 아는 일에 열심을 내며) 살아가라고 촉구한다.

흥미로운 사실 바울은 빌립보를 방문했을 때 감옥에 갇혔다(행 16:23). 나중에 또 로마에서 감옥에 갇히게 되는데, 그때 빌립보교회에 편지를 쓴다.

읽을 이유 만족할 수 없을 때 빌립보서를 읽으라.

유명한 구절 "내게 능력 주시는 자 안에서 내가 모든 것을 할 수 있느니라"(빌 4:13)

골로새서

이 세상 그 어떤 것과도 비교할 수 없는 예수님의 우월하심

시기 약 AD 60-61

지역 로마에 있는 바울이 골로새에 보낸 편지

인물 바울, 디모데, 두기고, 마가, 에바브라, 골로새교회

주요 사건 예수님이 육신을 입은 하나님이 아니라고 가르치는 것을 보자, 바울은 힘을 다해 예수님의 신성을 옹호한다. 즉, 예수님은 완전한 인간이자 완전한 하나님이라고 말한다. 그리고 예수님만이 십자가 죽음을 통해 인류를 죄에서 구원하실 수 있음을 강조한다.

흥미로운 사실 몇몇 골로새 사람들이 천사 숭배에 참여했던 것 같다(골 2:18).

읽을 이유 영적으로 혼란스럽거나 잘못되었다고 느낄 때 골로새서를 읽으라.

유명한 구절 "무슨 일을 하든지 마음을 다하여 주께 하듯 하고 사람에게 하듯 하지 말라"(골 3:23)

데살로니가전서

믿음 안에서 성숙하고, 예수님의 재림을 알아두라.

시기 약 AD 50-52

지역 고린도에 있는 바울이 데살로니가에 보낸 편지

인물 바울, 실라, 디모데, 데살로니가교회

주요 사건 믿음 약한 데살로니가 교인들이 박해를 받고 다시 오실 예수님에 대해 확신을 갖지 못하자, 그들을 격려하고 가르치기 위해 편지를 썼다.

흥미로운 사실 바울이 신약 대부분의 책(서신서 13개)을 썼지만, 누가가 쓴 두 권(누가복음, 사도행전)의 내용이 더 많다.

읽을 이유 믿음이 흔들릴 때 데살로니가전서를 읽으라.

유명한 구절 "항상 기뻐하라 쉬지 말고 기도하라 범사에 감사하라 이것이 그리스도 예수 안에서 너희를 향하신 하나님의 뜻이니라"(살전 5:16-18)

데살로니가후서

그리스도의 재림에 대해 더 자세히 알라.

시기 약 AD 52

지역 고린도에 있는 바울이 데살로니가에 보낸 편지

인물 바울, 실라, 디모데, 데살로니가교회

주요 사건 바울은 예수님의 재림에 대한 몇 가지 오해를 바로잡고, 믿는 자들이 어려울 때 포기하지 않도록 격려하기 위해 데살로니가교회에 두 번째 편지(더 짧은)를 보낸다.

흥미로운 사실 "불법의 사람" "불법한 자"라는 말은 바울만 사용하고 있는데, 이는 악한 지도자(아마도 적그리스도)를 가리키는 표현으로 예수님이 다시 오시면 이들은 패배할 것이다(살후 2:3, 8-9).

읽을 이유 자기의 믿음에 스스로 안주하고 있다고 느낄 때 데살로니가후서를 읽으라.

유명한 구절 "형제들아 너희는 선을 행하다가 낙심하지 말라"(살후 3:13)

디모데전서

젊은 목회자를 향한 격려

시기 약 AD 62-66

지역 로마에 있는 바울이 에베소에 보낸 편지

인물 바울, 디모데

주요 사건 현명하고 경험 많은 바울이 때로 연약한 모습을 보이는 제자 디모데에게 충고와 격려를 보낸다.

흥미로운 사실 디모데의 어머니는 유대인이고 아버지는 그리스인이다(행 16:1).

읽을 이유 리더십 특별훈련이 필요하면 디모데전서를 읽으라.

유명한 구절 "돈을 사랑함이 일만 악의 뿌리가 되나니"(딤전 6:10)

디모데후서

믿음의 거장이 남긴 최후의 말

시기 약 AD 66-67

지역 로마에 있는 바울이 에베소에 보낸 편지

인물 바울, 디모데

주요 사건 바울이 디모데에게, 믿음에 굳건히 서서 하나님의 말씀을 전하고, 믿음의 "선한 싸움"을 싸우라고 마지막이자 개인적인 도전을 준다(딤후 4:7).

흥미로운 사실 전통에 따르면, 바울은 이 편지를 쓰고 얼마 지나지 않아 순교했다고 한다.

읽을 이유 가장 중요한 것을 일깨워 주는 책이다.

사도 바울

유명한 구절 "하나님이 우리에게 주신 것은 두려워하는 마음이 아니요 오직 능력과 사랑과 절제하는 마음이니"(딤후 1:7)

디도서

교회에 관한 지침

시기 약 AD 64-66

지역 로마에 있는 바울이 크레테 섬에 보낸 편지

인물 바울, 디도

주요 사건 바울이 교회 안의 경건한 지도자들과 세상에서 경건한 그리스도인들이 가져야 할 자질과 특징을 나열한다.

흥미로운 사실 성경에서 이름이 언급된 유일한 법률가는 세나(딛 3:13)와 더둘로(행 24:1)다.

읽을 이유 하나님이 영적 지도자들(과 따르는 자들)에게 기대하시는 것이 무엇인지 보여준다.

유명한 구절 "범사에 네 자신이 선한 일의 본을 보이며"(딛 2:7)

빌레몬서

바울이 빌레몬에게 오네시모를 용서해 달라고 청한다.

시기 약 AD 60-62

지역 로마에 있는 바울이 골로새에 보낸 편지

인물 바울, 오네시모, 빌레몬

주요 사건 바울이 오네시모(도망친 노예이자 그리스도인이 된 사람)를 집으로 돌려보내면서, 그의 주인인 빌레몬에게 오네시모를 그리스도 안에서 새로운 형제로 받아들이라고 간청한다.

흥미로운 사실 빌레몬은 도망친 노예의 주인으로, 오네시모를 죽일 법적 권한이 있었다.

읽을 이유 복음이 갖는 화해의 능력을 보게 된다.

유명한 구절 "아마 그가 잠시 떠나게 된 것은 너로 하여금 그를 영원히 두게 함이리니 이 후로는 종과 같이 대하지 아니하고 종 이상으로 곧 사랑 받는 형제로 둘 자라 내게 특별히 그러하거든 하물며 육신과 주 안에서 상관된 네게랴"(몬 1:15-16)

히브리서

그리스도는 위대하시다!

시기 약 AD 60-69

지역 위치 미상

인물 유대 그리스도인들

주요 사건 이제 막 그리스도를 믿게 된 유대인 신자들이 복음을 저버리고 옛 유대교 신앙으로 돌아가려는 유혹을 받자, 이름을 알 수 없는 히브리서 저자는 그리스도가 어떻게 그들의 이전 종교가 말하는 모든 것(천사, 모세, 구약 제사장 직, 희생제사 시스템, 옛 언약)보다 더 뛰어난지를 알려준다.

흥미로운 사실 히브리서 저자로 추측되는 사람으로는 바울, 바나바, 아볼로, 브리스길라가 있다.

읽을 이유 신앙생활과 종교생활의 차이점을 알려준다.

유명한 구절 "믿음은 바라는 것들의 실상이요 보이지 않는 것들의 증거니"(히 11:1)

야고보서

믿음과 행위의 균형

시기 약 AD 49

지역 위치 미상

인물 야고보(예수님의 동생), "흩어져 있는"(약 1:1) 유대 그리스도인들

주요 사건 야고보 사도는 하나님 말씀을 믿는다고 말하는 사람들에게 '말씀을 행하는 자가 되라'고 촉구하는, 깊이 있지만 짤막한 편지를 쓴다. 잠언을 떠올리게 하는 글이다.

흥미로운 사실 네 이웃을 사랑하라는 명령(약 2:8)은 신약 다른 곳에서 여덟 번 더 나온다.

읽을 이유 믿음이 동사가 아닌 명사로 멈춰 있을 때 야고보서를 읽으라.

유명한 구절 "영혼 없는 몸이 죽은 것 같이 행함이 없는 믿음은 죽은 것이니라"(약 2:26)

베드로전서

고난받는 신자를 위한 격려

시기 약 AD 64-65

지역 로마에 있는 베드로가 소아시아에 보낸 편지

인물 베드로, 마가, 소아시아에 있는 그리스도인들

주요 사건 베드로는 믿는 자들에게 고난받는 동안 잘 견디라고 격려하면서, 예수님이 언젠가 다시 오실 테니 경건한 삶을 살라고 격려한다.

흥미로운 사실 베드로는 자신이 편지를 쓰는 장소를 바벨론이라고 밝히고 있다(벧전 5:13). 이는 바벨론이라는 이름의 도시일 수도 있고, 로마를 비유적으로 표현한 것일 수도 있다.

읽을 이유 믿음이 약해지거나 좋지 않을 때 베드로전서를 읽으라.

유명한 구절 "너희 염려를 다 주께 맡기라 이는 그가 너희를 돌보심이라"(벧전 5:7)

베드로후서

거짓 가르침을 주의하라!

사도 베드로

시기 약 AD 64-65

지역 로마에 있는 베드로가 소아시아에 보낸 편지

인물 베드로, 바울, 소아시아에 있는 그리스도인들

주요 사건 베드로는 첫 편지에서 교회 밖에서 가하는 박해에 대해 경고했다. 이 두 번째 편지에서는 교회 안에 있는 비성경적인 사고와 가르침을 경고한다.

흥미로운 사실 전통에 따르면 베드로는 믿음 때문에 거꾸로 십자가에 달려 순교했다고 한다.

읽을 이유 기독교 신앙에 대해 이상한 말들이 들릴 때 읽으라.

유명한 구절 "그의 신기한 능력으로 생명과 경건에 속한 모든 것을 우리에게 주셨으니 이는 자기의 영광과 덕으로써 우리를 부르신 이를 앎으로 말미암음이라"(벧후 1:3)

요한일서

그리스도의 사랑 안에 머물기

시기 약 AD 85-96

지역 에베소에 있는 요한이 소아시아에 보낸 편지

인물 요한, 소아시아에 있는 그리스도인들

주요 사건 나이 지긋한 사도가 젊은 신자들에게 죄를 피하고, 실수를 조심하며, 사랑을 실천하고, 하나님이 거저 주시는 영생의 선물을 확신하라고 지혜로운 말로 촉구한다.

흥미로운 사실 사도 요한은 예수님의 사도들 중 (유다를 제외하고) 유일하게 순교자의 죽음을 당하지 않은 사람으로 알려져 있다.

읽을 이유 그리스도인의 삶이 '말한 것을 실천하는 것'임을 상기해야 할 때 읽으라.

유명한 구절 "만일 우리가 우리 죄를 자백하면 그는 미쁘시고 의로우사 우리 죄를 사하시며 우리를 모든 불의에서 깨끗하게 하실 것이요"(요일 1:9)

요한이서

모든 '진리'가 전부 진리는 아니다.

시기 약 AD 85-96

지역 에베소에 있는 요한이 소아시아에 보낸 편지

인물 요한, "택하심을 받은 부녀와 그의 자녀들"(요이 1:1), 소아시아에 있는 신자들, 모든 곳에 있는 그리스도인들

주요 사건 성경에서 가장 짧은 책으로, 짧지만 이중적인 메시지를 전한다. 서로 사랑하라는 것과 종교적 사기꾼을 조심하라는 것이다.

흥미로운 사실 요한은 신약의 20퍼센트가 조금 넘는 분량을 썼다(27권 중 5권).

읽을 이유 사랑과 진리 안에서 행하도록 도전을 준다.

유명한 구절 "또 사랑은 이것이니 우리가 그 계명을 따라 행하는 것이요"(요이 1:6)

사도 요한

요한삼서

사람들을 대하는 법

시기 약 AD 85-96

지역 에베소에 있는 요한이 소아시아에 보낸 편지

인물 요한, 가이오, 디오드레베, 소아시아에 있는 그리스도인들

주요 사건 요한은 가이오의 친절함을 칭찬하고 디오드레베의 교만을 책망한다.

흥미로운 사실 요한삼서는 '은혜'라는 단어를 사용하지 않은 신약 네 권의 책 중 하나다. 나머지 세 권으로는 마태복음, 마가복음, 요한일서가 있다.

읽을 이유 그리스도인 동역자들을 대하는 방법에 대한 통찰력을 준다.

유명한 구절 "그러므로 우리가 이같은 자들을 영접하는 것이 마땅하니 이는 우리로 진리를 위하여 함께 일하는 자가 되게 하려 함이라"(요삼 1:8)

유다서

속이는 자들을 조심하라.

시기 약 AD 60년대-80년대(정확한 시기 불분명)

지역 지명 미상

인물 유다, 야고보

주요 사건 유다는 우리가 듣는 가르침에 대해 분별력을 가져야 한다고 엄중하게 경고한다.

흥미로운 사실 예수님의 형제인 유다는 이 책의 저자로 알려져 있는데, 예수님을 배반한 가룟 유다와 구분하기 위해 'Jude'로 알려져 있기도 하다(마 13:55; 막 6:3).

읽을 이유 바른 믿음의 중요성을 알게 된다.

유명한 구절 "하나님의 사랑 안에서 자신을 지키며 영생에 이르도록 우리 주 예수 그리스도의 긍휼을 기다리라"(유 1:21)

예언서

많은 신약의 책이 예언적인 내용을 담고 있지만, 요한계시록만이 묵시적인 책이다. 묵시적인 글은 하나님의 계획과 다가올 사건을 상징과 징표, 환상을 통해 보여준다.

요한계시록

예수님이 요한에게 미래에 대한 거대한 환상을 주신다.

시기 약 AD 85-96

지역 밧모 섬에 있는 요한이 소아시아에 보낸 편지

인물 요한, 예수님, 적그리스도, 사탄, 소아시아에 있는 일곱 교회(에베소, 서머나, 버가모, 디아두라, 사데, 빌라델비아, 라오디게아)

주요 사건 요한은 일련의 아름다우면서 끔찍한 세계적인 사건을(그리고 천국도) 어렴풋이 설명하면서, 하나님의 심판과 그리스도가 자기 교회를 구원하신 것과 다가올 새 하늘과 새 땅을 묘사한다. 이 책이 보여주는 환상과 상징에 대한 해석이 분분하지만, 한 가지 결론만은 만장일치다. 바로 요한계시록이 선과 악의 궁극적인 싸움에서 하나님의 승리를 보여준다는 것이다. 아니 사실 하나님이 이미 승리하셨음을 보여준다.

흥미로운 사실 요한계시록과 성경의 마지막 단어는 "아멘"이다(계 22:21).

읽을 이유 영원에 대해 분명히 보기 원한다면 요한계시록을 읽으라.

유명한 구절 "이것들을 증언하신 이가 이르시되 내가 진실로 속히 오리라 하시거늘 아멘 주 예수여 오시옵소서"(계 22:20)

"풀은 마르고 꽃은 시드나
우리 하나님의 말씀은 영원히 서리라 하라"

_사 40:8

SELF-GUIDED TOUR OF THE BIBLE

Chapter 6

성경의 핵심에 다가가기
예수님의 삶과 가르침

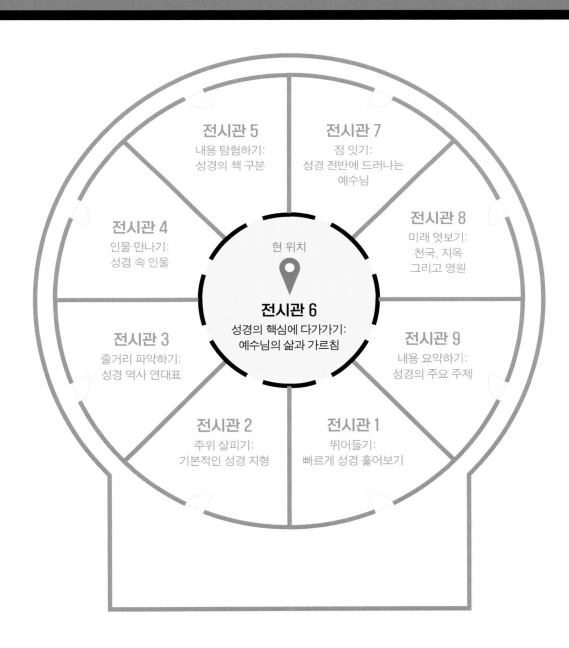

전시관 5
내용 탐험하기:
성경의 책 구분

전시관 7
점 잇기:
성경 전반에 드러나는
예수님

전시관 4
인물 만나기:
성경 속 인물

전시관 8
미래 엿보기:
천국, 지옥
그리고 영원

현 위치

전시관 6
성경의 핵심에 다가가기:
예수님의 삶과 가르침

전시관 3
줄거리 파악하기:
성경 역사 연대표

전시관 9
내용 요약하기:
성경의 주요 주제

전시관 2
주위 살피기:
기본적인 성경 지형

전시관 1
뛰어들기:
빠르게 성경 훑어보기

그리스도인은 예수님에 대해 정말 많이 말한다. 성경이 예수님에 대해 많이 말하기 때문이다. 예수님의 삶과 가르침이 성경의 핵심이기에 또한 이 책의 핵심이기도 하다.

예수님의 비교할 수 없는 삶을 간단하게 훑어보자. 그러나 여기서는 윤곽만 잡을 뿐이다. 사도 요한이 요한복음 마지막에 이렇게 말한 것과 같다. "예수께서 행하신 일이 이 외에도 많으니 만일 낱낱이 기록된다면 이 세상이라도 이 기록된 책을 두기에 부족할 줄 아노라"(요 21:25).

예수님이 태어나시다

> "오늘 다윗의 동네에 너희를 위하여 구주가 나셨으니 곧 그리스도 주시니라" _ 눅 2:11

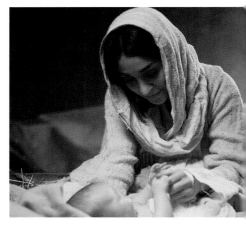

사복음서 중에서 마태복음과 누가복음만 그리스도의 유아기에 대해 설명한다. 이 두 복음서 모두 예수님이 성령을 통해 기적적인 방법으로 잉태되었고, 마리아라는 처녀를 통해 태어났다고 말한다. 이것은 메시아가 처녀에게서 태어나고 임마누엘('하나님이 우리와 함께하신다'는 뜻)이라 불릴 것이라는 구약의 예언(사 7:14)을 성취한 것이다. 예수님이 베들레헴("다윗의 동네")에서 태어나신 것은 메시아가 작은 마을에서 태어날 것이라는 수 세기 전의 예언도 성취한 것이다(미 5:2; 마 2:1-6).

누가는 예수님의 탄생을 상세하고 아름답게 묘사한다. 예수님이 누우신 구유, 양떼를 돌보던 목자들이 갓 태어난 구세주를 보기 위해 달려온 것, 천사들이 하나님을 찬양한 것을 말해준다.

마태는 동방박사(혹은 현자)들이 방문한 것에 초점을 맞춘다. 이들은 갓 태어난 "유대인의 왕"을 경배하러 왔는데, 예수님이 부모와 함께 "집"에 있을 때 방문했다는 기록으로 보아(마 2:2, 11), 예수님이 태어난 지 며칠, 몇 주 혹은 몇 달 후일 수도 있다.

마태복음 1장 18절-2장 23절, 누가복음 1장 26절-2장 39절에 이 내용이 나온다.

예수님이 성장하시다

"아기가 자라며 강하여지고 지혜가 충만하며 하나님의 은
혜가 그의 위에 있더라"_ 눅 2:40

예수님의 어린 시절에 대해 우리는 한 가지 이야기만 안다.
열두 살에 우연히 예루살렘에 남겨졌던 사건이다. 3일 후 예
수님의 부모님이 예루살렘 성전에서 예수님을 찾게 되는데,
예수님은 깊이 있는 질문과 통찰력으로 종교지도자들을 깜짝
놀라게 하고 있었다. 이 사건을 제외하고는, 누가는 예수님이
점점 강하여지고 지혜가 충만하고 하나님과 사람들에게 칭찬
받았다고만 말한다.

예수님이 "목수"로 불리고 있는 것으로 보아, 아마도 청소년
기와 청년기에는 육신의 아버지 요셉에게 목수 일을 배우며
함께 일했을 것이다(막 6:3). 누가복음 2장 40-52절을 읽어
보라.

예수님이 세례를 받으시다

"그 때에 예수께서 갈릴리 나사렛으로부터 와서 요단 강에
서 요한에게 세례를 받으시고"_ 막 1:9

사복음서 모두 예수님이 30세에 세례 요한에게 세례를 받았
다고 기록한다. 예수님이 요단강물에서 나오자 성령이 비둘
기 같이 임하고 하늘에 계신 아버지가 선포하셨다. "하늘로부
터 소리가 있어 말씀하시되 이는 내 사랑하는 아들이요 내 기
뻐하는 자라 하시니라"(마 3:17).

마태복음 3장 13-17절, 마가복음 1장 9-11절, 누가복음 3장 21-22절, 요한복음 1장 32-34절
을 읽어보라.

예수님이 시험당하시다

"성령이 곧 예수를 광야로 몰아내신지라 광야에서 사십 일을 계시면서 사탄에게 시험을 받으시며 들짐승과 함께 계시니 천사들이 수종들더라"_ 막 1:12-13

마태, 마가, 누가는 예수님이 성령에 이끌려 광야로 가서 40일을 금식하고 사탄에게 시험을 받으셨다고 기록한다. 예수님은 사탄의 제안에 하나님의 진리의 말씀을 인용하면서 하나하나 반박하신다. 사탄이 드디어 떠나자 천사들이 예수님을 시중든다.
마태복음 4장 1-11절, 마가복음 1장 12-13절, 누가복음 4장 1-13절을 읽어보라.

예수님이 설교하시다

"이르시되 때가 찼고 하나님의 나라가 가까이 왔으니 회개하고 복음을 믿으라 하시더라"_ 막 1:15

예수님은 하나님나라의 도래를 선포하기 시작하면서 사람들에게 두 가지를 요청하신다.

- 회개하라(다르게 생각하고 다르게 살아라).
- 예수님이 선포하는 기쁜 소식(복음)을 믿어라.

이것이 기독교 신앙의 핵심이다. 마태복음 4장 17절, 마가복음 1장 14-15절, 누가복음 4장 14-15절을 읽어보라.

예수님이 제자들을 선택하시다

"말씀하시되 나를 따라오라 내가 너희를 사람을 낚는 어부가 되게 하리라 하시니 그들이 곧 그물을 버려 두고 예수를 따르니라"_ 마 4:19-20

더 나아가 예수님은 자기의 메시지를 믿는 자들을 향해 따라오라고 부르신다. 즉, 예수님의 제자가 되라고 부르시는 것이다. 그리스도 사역의 핵심(그리고 장기적인 성공)은 평범한 젊은이 열두 명을 훈련시킨 것이다.

- 시몬(베드로라고도 불림)
- 안드레(베드로의 형제)
- 야고보와 요한(세베대의 두 아들) (이상 네 명은 어부)
- 빌립
- 바돌로매(나다나엘이라고도 불림)
- 도마
- 마태(세리)
- 야고보(알패오의 아들)
- 다대오
- 시몬(열혈당원)
- 가룟 유다(나중에 예수님을 배반함)

세례

그리스도인들은 세례에 대해 저마다 다른 생각과 신념을 가지고 있지만, 다음의 진리에 대해서는 대부분 동의한다.

- 세례는 예수님을 따르는 모든 사람에게 선택사항이 아니라 명령이다(마 28:18-20).
- 믿음이 없으면 의미 없는 의식에 불과하다.
- 교리, 개인 또는 집단과 공개적으로 동일시하는 방법이다.

예수님의 세례는 요한의 메시지(죄인들에게 회개를 요청하는)와 예수님이 대신하여 죽게 될 죄인들을 동일시하는 방법이었다.

예수님은 3년 동안 그들과 함께 살면서 특별히 훈련시키고 임무를 주신다. 그리고 예수님이 승천하신 후 예수님의 일을 그들이 넘겨받도록 준비시키신다.

마태복음 4장 18-22절, 10장 2-4절, 마가복음 1장 16-20절, 요한복음 1장 35-50절을 읽어보라.

예수님이 기적을 행하시다

"예수께서 모든 도시와 마을에 두루 다니사 … 모든 병과 모든 약한 것을 고치시니라" _ 마 9:35

복음서에는 '많은 사람을 고치셨다'(막 1:34)는 기록을 포함해, 그리스도께서 행한 기적이 40개가
넘게 나온다. 요한복음에서는 이러한 초자연적인 행위를 종종 '표적'(signs)이
라고 부르는데, 실제로 표적의 역할인 가리키는 역할을 정확히 하고 있다. 예
수님의 이러한 초자연적인 행위는 그것 자체에 관심을 집중시키려는 의도가
아니라, 뭔가 더 크고 더 좋은 것을 가리키려는 의도를 담고 있다. 자연, 악한
영, 질병 혹은 죽음까지도 다스리는 능력을 보여주는 예수님의 모든 기적 혹
은 표적은, 예수님이 육신을 입은 하나님이고 세상의 구원자임을 가리킨다.
마태복음 8장 16절, 9장 35절, 마가복음 3장 10절, 4장 35-41절, 누가복음 7
장 11-17절, 요한복음 11장 1-44절을 읽어보라.

예수님이 당시 상황에 도전하시다

"화 있을진저 외식하는 서기관들과 바리새인들이여 너희는 천국 문을 사람들
앞에서 닫고 너희도 들어가지 않고 들어가려 하는 자도 들어가지 못하게 하는
도다" _ 마 23:13

예수님은 3년간의 공생애 사역 기간 동안 당시 지배적이었던 종교 시스템에
반복해서 정면으로 부딪히신다. 때로는 그저 말씀으로 1세기 유대교의 의미
없는 의식주의를 비판하셨고, 때로는 뜨겁게 논쟁을 벌이기도 하셨다. 일부 서기관과 바리새인
들의 냉담하고 위선적인 행동은 예수님을 분노하게 했다. 예수님은 이런 지도자들을 위선자, 어
리석은 자, 눈 먼 인도자라고 부르시며 강하게 '화'를 선포하신다. 심지어 그들이 성전을 돈 바꾸
는 자들의 시장으로 만들자 상을 뒤엎고 쫓아내셨다. 그러자 처음에는 그저 호기심만 있던 지도
자들의 마음이 걱정으로 바뀌면서 예수님을 죽이려는 계획까지 세우게 된다.
마태복음 6장 1-5절, 23장 13-39절, 마가복음 3장 1-5절, 11장 15-18절을 읽어보라.

예수님이 하나님의 진리를 가르치시다

"뭇 사람이 그의 교훈에 놀라니 이는 그가 가르치시는 것이 권위 있는 자와 같고 서기관들과 같지 아니함일러라" _ 막 1:22

예수님의 제자 사역 대부분은 가르치고 훈련시키는 것이었다. 예수님은 정말 훌륭한 선생님이었다. 예수님이 어떻게 그리고 무엇을 가르치셨는지 빠르게 살펴보겠다.

예수님은 어떻게 가르치셨나

- **예수님은 다양한 상황에서 가르치셨다.** 예수님은 큰 무리를 대상으로 강론하셨는데, 때로는 수천 명일 때도 있었다(마 7:28; 13:2; 막4:1). 대부분의 경우 열두 제자를 소그룹으로 가르치셨고, 한 명씩 개인적으로 가르치시기도 했다(요 3-4장).
- **권위 있게 가르치셨다.** 즉, 예수님의 말씀에는 무게가 있고 꿰뚫는 힘이 있어서 쉽게 흘려들을 수가 없었다(막 1:22).
- **창조적인 방법으로 가르치셨다.** 가르치기 좋은 순간을 놓치지 않고 중요한 진리를 설명하셨다(눅 7:18-29, 36-50).
- **질문을 던지는 방식으로 가르치셨다.** 예를 들어, 마가복음 8장을 보라. "너희에게 떡 몇 개나 있느냐"(5절), "어찌하여 이 세대가 표적을 구하느냐"(12절), "아직도 알지 못하며 깨닫지 못하느냐"(17절), "무엇이 보이느냐"(23절), "사람들이 나를 누구라고 하느냐"(27절) 같은 것들이다.
- **강의하는 방식으로 가르치셨다.** 현대 설교자들이 주로 하는 방식이다(마 5-7; 눅 6:20-49).
- **비유를 들어 가르치셨다.** 간단히 말하면, 단순하고 매일 벌어지는 상황을 비유로 들어(잃어버린 동전, 가라지가 섞여 있는 추수 밭, 직업을 잃게 된 한 남자 등) 그 안에 더 큰 영적 진리를 담아내는 방식이다. 예수님의 가르침 중 약 35퍼센트가 이러한 재치 있는 짤막한 이야기들 안에 담겨 있다.

예수님의 비유

예수님은 편안한 마음으로 이해하기 쉽도록 종종 비유로 가르치셨다(마 13:11-15). 예수님의 비유 37개를 간략하게 요약하고, 각각에 해당하는 성경구절을 정리해 보았다.

	비유	교훈	성경구절
1	달란트 비유	하나님은 우리에게 주신 것을 충성스럽게 사용하기를 기대하신다.	마 25:14-30
2	열매 없는 무화과나무 비유	하나님은 우리에게 기회를 무한하게 주지 않으신다.	눅 13:6-9
3	망대를 세우고 전쟁에 나가는 비유	헌신하기 전에 먼저 치러야 할 대가를 헤아려 보라.	눅 14:28-33
4	그물 비유	그물에 걸린 것은 모두 잡지만, 그중 좋은 고기만 (예수님에 의해 의로워진 사람만) 그릇에 담는다.	마 13:47-50
5	선한 사마리아인 비유	위험이나 상황에 관계없이 이웃을 도우라.	눅 10:30-37
6	큰 잔치	예수님을 첫 자리에 두라.	눅 14:16-24
7	씨앗 비유	우리는 하나님의 씨앗을 심고 자라기를 기다린다.	막 4:26-29
8	숨겨진 보화	하나님의 귀한 보물을 발견하면 어떤 대가를 치르더라도 그것을 구한다.	마 13:44
9	포도원 품꾼 비유	예수님을 얼마나 오래 섬겼는지와 상관없이 우리는 모두 같은 상을 받는다.	마 20:1-16
10	반석 위에 지은 집	현명한 사람은 하나님의 진리라는 안정된 기반 위에 삶을 세운다.	눅 6:47-49
11	지혜롭고 충실한 청지기	언제나 어떤 상황에서든 하나님을 충실하게 섬기라.	눅 12:42-48
12	무화과나무	하나님나라의 표적을 구하라.	마 24:32-34
13	도움이 필요한 친구	하나님은 우리가 구하면 필요한 것을 주신다.	눅 11:5-13
14	등경 위에 둔 등불	빛을 숨기지 말고 밝히라.	눅 8:16-17; 11:33-36
15	게으른 종	하나님은 우리가 다른 사람 섬기기를 원하시고 섬김받으려 하지 말라고 하신다.	눅 17:7-10
16	잃어버린 동전	누군가 예수님을 따르기로 결심할 때마다 하늘에서 기뻐하신다.	눅 15:8-10

비유		교훈	성경구절
17	잃어버린 양	목자가 잃은 양 한 마리를 찾듯 하나님은 우리를 찾으신다.	마 18:12-14
18	겨자씨	작은 믿음이 큰 결과를 만들어낼 수 있다.	눅13:18-19
19	낡은 옷에 새 옷 붙이기	섞일 수 없는 것이 있는데, 예수님의 가르침과 당시 종교 지도자들의 가르침이 그러하다.	눅 5:36
20	낡은 가죽부대에 담은 새 술	예수님의 복음은 오래된 종교 체계와 방식에 덧댈 수 없다.	눅 5:37-38
21	강청하는 과부	하나님은 우리의 기도에 응답하신다.	눅 18:1-8
22	바리새인과 세리	하나님은 겸손은 인정하시나 교만은 멸시하신다.	눅 18:9-14
23	탕자	하나님은 우리가 하나님께 돌아오기를 간절히 바라신다.	눅 15:11-32
24	어리석은 부자	구원받기 위해서는 재물이 아닌 하나님을 신뢰해야 한다.	눅 12:16-21
25	부자와 나사로	우리의 영원한 상급은 이 땅의 지위와 상관없다.	눅 16:19-31
26	불의한 청지기 비유	영원한 하나님나라를 위해 자신의 상황을 잘 이용할 줄 아는 지혜가 필요하다.	눅 16:1-13
27	씨 뿌리는 자 비유	모든 사람에게 예수님을 전해야 하지만, 모든 이가 예수님을 받아들이지는 않을 것이다.	눅 8:4-15
28	두 아들	행하는 것이 말하는 것보다 중요하다.	마 21:28-32
29	두 빚진 자	죄가 크면 클수록 하나님의 용서에 더 감사하게 된다.	눅 7:41-43
30	용서하지 않은 종	하나님은 우리를 완전히 용서하신다. 우리도 다른 사람에게 똑같이 해야 한다.	마 18:23-35
31	값진 진주	하나님이 주시는, 값으로 매길 수 없는 귀한 진주(예수님)를 발견하면, 그분을 따르기 위해 기꺼이 모든 것을 포기하게 될 것이다.	마 13:45-46
32	깨어 있는 종	예수님이 어느 때든 오실 것을 준비하라.	눅 12:35-40
33	결혼 잔치	예수님은 모든 이를 초대하시지만, 초대받은 모든 사람이 그분의 제안을 받아들이지는 않는다.	마 22:2-14
34	가라지	하나님이 세상에서 악을 제하시도록 추수 때까지 기다려야 한다.	마 13:24-30
35	악한 농부	하나님은 불순종을 벌하신다.	마 21:33-45
36	지혜로운 다섯 처녀와 미련한 다섯 처녀	그리스도는 예고 없이 다시 오실 것이다.	마 25:1-13
37	누룩	하나님나라의 아주 작은 것이라도 닿는 모든 것을 변화시킨다.	눅 13:20-21

예수님은 무엇을 가르치셨나

예수님이 가르치지 않은 주제에 대해 묻는 것이 더 간단할지 모르겠다. 예수님이 유대 종교지도자들과 토론하고 논쟁하고 티격태격하신 많은 부분이 모세 율법을 둘러싼 것이었다(마 12장; 16:1-12; 21:23-27; 막 11:27-12:34; 눅 11:37-54).

예수님의 가르침에서 보는 눈에 띄는 주제는 다음과 같다.

● 하나님나라(천국)의 실재

마 3:2; 4:17; 5-7장; 막 4장; 눅 17:20-21

"회개하라 천국이 가까이 왔느니라" _ 마 3:2

● 믿음의 중요성

마 6:25-34; 8:10; 막 11:22-23; 눅 7:9; 8:25; 17:5-6; 22:32

"이르시되 너희 믿음이 작은 까닭이니라 진실로 너희에게 이르노니 만일 너희에게 믿음이 겨자씨 한 알 만큼만 있어도 이 산을 명하여 여기서 저기로 옮겨지라 하면 옮겨질 것이요 또 너희가 못할 것이 없으리라" _ 마 17:20

하나님나라

"하나님나라"라는 구절은 성경에서 70회 가까이 나오는데 모두 신약에 나온다. 이와 상응하는 구절인 "천국"은 마태복음에서만 30회 넘게 나오는데, 주로 마태 자신이 사용한다. 예수님을 통해 도래할 영적 왕국에 대한 언급이 신약에서 약 100회 정도 나온다. 예수님은 이 나라, 즉 하나님의 통치를 많은 것에 빗대어 말씀하셨다. 예를 들면, 겨자씨, 누룩, 밭에 숨긴 보화, 값진 진주, 그물 같은 것이다(마 13장). 또 중요한 것은 하나님나라를 먼저 구하는 것이고(마 6:33), "나라가 임하시오며"(마 6:10)라는 기도에 대한 인간의 응답으로 삶을 헌신하는 것이라고 말씀하셨다.

● 예수님을 따를 때 치러야 할 큰 대가

마 10:24-39; 16:24-27; 막 8:31-38; 눅 9:23-25, 57-62; 14:25-35

"누구든지 나를 따라오려거든 자기를 부인하고 자기 십자가를 지고 나를 따를 것이니라" _ 막 8:34

● 죄인들을 향한 하나님의 사랑

마 23:37; 눅 15장; 요 3:16-21

"하나님이 세상을 이처럼 사랑하사 독생자를 주셨으니 이는 그를 믿는 자마다 멸망하지 않고 영생을 얻게 하려 하심이라" _ 요 3:16

● 어떻게 영생을 얻는가

요 3:16; 5:24; 6:40, 47; 10:28; 14:6; 17:3

"내 말을 듣고 또 나 보내신 이를 믿는 자는 영생을 얻었고 심판에 이르지 아니하나니 사망에서 생명으로 옮겼느니라" _ 요 5:24

● 마음의 중요성

마 12:33-37; 13:10-17; 막 7장; 눅 16:14-15

"너희는 사람 앞에서 스스로 옳다 하는 자들이나 너희 마음을 하나님께서 아시나니 사람 중에 높임을 받는 그것은 하나님 앞에 미움을 받는 것이니라" _ 눅 16:15

● 사랑의 우선순위

마 5:43-48; 22:34-40; 막 12:28-31; 눅 6:27-36; 요 13:34-35; 15:12-17

"그 중의 한 율법사가 예수를 시험하여 묻되 선생님 율법 중에서 어느 계명이 크니이까 예수께서 이르시되 네 마음을 다하고 목숨을 다하고 뜻을 다하여 주 너의 하나님을 사랑하라 하셨으니 이것이 크고 첫째 되는 계명이요 둘째도 그와 같으니 네 이웃을 네 자신 같이 사랑하라 하셨으니" _ 마 22:35-39

● 기도

마 6:5-13; 7:7-11; 18:19-20; 26:36-46; 눅 11:1-13; 18:1-8; 21:36; 22:39-46; 요 17장

"그러므로 너희는 이렇게 기도하라 하늘에 계신 우리 아버지여 이름이 거룩히 여김을 받으시오며 나라가 임하시오며 뜻이 하늘에서 이루어진 것 같이 땅에서도 이루어지이다 오늘 우리에게 일용할 양식을 주시옵고 우리가 우리에게 죄 지은 자를 사하여 준 것 같이 우리 죄를 사하여 주시옵고 우리를 시험에 들게 하지 마시옵고 다만 악에서 구하시옵소서" _ 마 6:9-13

● 관계

마 5:21-26; 7:12; 12:46-50; 18:15-17

"그러므로 무엇이든지 남에게 대접을 받고자 하는 대로 너희도 남을 대접하라 이것이 율법이요 선지자니라" _ 마 7:12

● 결혼과 이혼

마 5:27-32; 19:1-12; 막 10:1-12; 눅 16:18

"이러므로 사람이 그 부모를 떠나서 그 둘이 한 몸이 될지니라 이러한즉 이제 둘이 아니요 한 몸이니 그러므로 하나님이 짝지어 주신 것을 사람이 나누지 못할지니라 하시더라" _ 막 10:7-9

● 용서의 필요성

마 5:38-42; 6:12-15; 18:21-35; 막 11:25; 눅 17:3-4

"아무에게나 혐의가 있거든 용서하라 그리하여야 하늘에 계신 너희 아버지께서도 너희 허물을 사하여 주시리라 하시니라" _ 막 11:25

제자들에게 기도하는 법을 가르치시는 예수님

● 돈의 위험

마 6:19-24; 17:24-27; 19:16-26; 막 10:17-27; 12:41-44; 눅 12:13-34; 21:1-4

"한 사람이 두 주인을 섬기지 못할 것이니 … 너희가 하나님과 재물을 겸하여 섬기지 못하느니라" _ 마 6:24

● 다른 사람을 섬기는 것의 우선순위 (그리고 상급)

마 10:5-42; 19:27-30; 20:20-28; 25:14-30; 막 10:28-45; 눅 9:6; 16:1-13; 18:28-30; 요 13:1-17

"너희 중에는 그렇지 않을지니 너희 중에 누구든지 크고자 하는 자는 너희를 섬기는 자가 되고 너희 중에 누구든지 으뜸이 되고자 하는 자는 모든 사람의 종이 되어야 하리라" _ 막 10:43-44

● 천국과 지옥의 실재

　　마 7:13-14; 18:12-14; 20:1-16; 눅 13:22-30; 16:19-31; 요 14:1-6

"내 아버지 집에 거할 곳이 많도다 그렇지 않으면 너희에게 일렀으리라 내가 너희를 위하여 거처를 예비하러 가노니 가서 너희를 위하여 거처를 예비하면 내가 다시 와서 너희를 내게로 영접하여 나 있는 곳에 너희도 있게 하리라" _ 요 14:2-3

● 위선과 교만

　　마 6:1-4, 16-18; 7:15-23; 15:1-14; 막 7:1-23; 눅 7:36-50; 18:9-14

"무릇 자기를 높이는 자는 낮아지고 자기를 낮추는 자는 높아지리라 하시니라" _ 눅 18:14

● 박해와 고난의 불가피성

　　마 5:11, 44; 10:16-23; 막 6:7-13; 요 15:18-21

"나로 말미암아 너희를 욕하고 박해하고 거짓으로 너희를 거슬러 모든 악한 말을 할 때에는 너희에게 복이 있나니" _ 마 5:11

예수님과 부자 청년 관원(마 19:16-26)

● 성령

　　요 14:16-26; 16:5-15; 20:22

"성령 그가 너희에게 모든 것을 가르치고 내가 너희에게 말한 모든 것을 생각나게 하리라" _ 요 14:26

● 미래

　　마 16:27; 24-25장; 막 13장; 눅 12:35-48; 21:5-36

"그러므로 깨어 있으라 어느 날에 너희 주가 임할는지 너희가 알지 못함이니라" _ 마 24:42

종말

예수님은 때에 관해서는 자세히 말씀하지 않으셨지만,
세상의 종말에 관해 많은 것을 말씀하셨다.

- 거짓 예언자와 거짓 제자들이 있을 것이다(마 7:15-23).
- 많은 사람이 속을 것이다(마 24:11, 24; 막 13:22; 눅 21:8).
- "난리와 난리 소문", 자연재해, 세계적인 전염병, "무서운 일과 하늘로부터 큰 징조들"이 있을 것이다(마 24:6-8; 눅 21:10-11).
- 무법이 증가할 것이고 그로 인해 사람들이 영적 무관심에 빠질 것이다(마 24:12).
- 믿는 자들이 예수님을 믿는 믿음 때문에 박해를 받을 것이다(눅 21:12-19).
- 대적들이 예루살렘을 에워쌀 것이다(눅 21:20).
- "멸망의 가증한 것"이 거룩한 곳에 설 것이다(마 24:15-21). 이 이상한 사건은 제일 처음 다니엘 선지자에게 보였는데, 성경학자들은 이 "가증한 것"이 무엇인지 그저 추측만 할 뿐, 그 일이 일어나면 자명해질 것이다(단 9:27).
- 번개가 하늘에서 번쩍이듯이 그리스도가 육신을 입고 이 땅에 두 번째로 오실 것이다(마 24:27). 예수님은 "구름을 타고 능력과 큰 영광으로" 오실 것이다(눅 21:27).
- 예수님의 재림에 이어 심판이 있을 것이다(마 24:42-51; 25:31-46).

예수님이 예루살렘을 위해 우시다(눅19:41-44).

예수님이 격정의 마지막 주간을 보내시다

"인자가 온 것은 섬김을 받으려 함이 아니라 도리어 섬기려 하고 자기 목숨을 많은 사람의 대속물로 주려 함이니라" _ 막 10:45

예수님의 마지막 주간이 시작되면서 중요한 일이 많이 일어난다. 예수님의 죽음과 부활도 이에 포함되는데, 복음서 저자들은 여기에 많은 관심을 집중시킨다. 마태복음은 28장 중 8장을 이에 할애한다. 마가복음은 16장 중 6장을 예수님의 마지막 주간에 일어난 사건에 할애하고, 누가복음은 24장 중 5장과 절반을 이 다사다난한 주간에 할애한다. 요한복음은 21장 중 10장이 그리스도의 마지막 날에 집중되어 있는데, 예수님이 십자가에 못 박히고 부활하신 직후도 포함되어 있다.

어떤 일이 있었는지 간단히 살펴보자.

예수님의 마지막 주간

일요일	예수님이 나귀를 타고 예루살렘에 들어가신다.
월요일	예수님이 예루살렘을 보며 우신다. 그리고 성전에서 장사하는 사람들을 쫓아내신다.
화요일	예수님이 성전과 감람산에서 가르치신다.
수요일	유다가 예수님을 체포하도록 종교지도자들과 음모를 꾸민다(아마도 이 날일 것이다).
목요일	예수님이 제자들과 함께 음식을 드신 후(최후의 만찬) 겟세마네 동산에서 홀로 기도하신다. 유다에게 배신당해 체포되고 재판에 넘겨지신다.
금요일	판결받은 후 매를 맞고 십자가에 달리신다. 십자가에서 죽으시고 시신은 무덤에 묻힌다.
토요일	이 날은 안식일이다.
일요일	예수님을 따르던 자들이 예수님이 죽은 자 가운데서 살아나신 것을 알게 된다. 예수님이 제자들과 다른 많은 이들에게 나타나신다.

예수님이 예루살렘에 들어가시다

예수님은 나귀를 타고 예루살렘에 들어가시고, 군중은 그 가는 길에 종려나무 가지를 놓으며 환호한다. 이것은 스가랴 9장 9절 말씀의 성취다. "보라 네 왕이 네게 임하시나니 그는 공의로우시며 구원을 베푸시며 겸손하여서 나귀를 타시나니 나귀의 작은 것 곧 나귀새끼니라"[이 사건은 예루살렘 입성(The Triumphal Entry)으로 알려져 있고, 그날은 현재 종려주일로 지키고 있다.]
이에 대해서는 마태복음 21장 1-11절, 마가복음 11장 1-11절, 누가복음 19장 28-44절, 요한복음 12장 12-19절을 읽어보라.

예수님이 성전을 정화하시다

예수님은 성전에서 가르치시고, 예루살렘 바로 밖에 있는 감람산에서 미래에 대해 불길한 말씀을 하신다.
이에 대해서는 마태복음 21장 18절-26장 2절까지, 마가복음 11장 20절-13장 37절까지, 누가복음 19장 47절-21장 38절까지, 요한복음 12장 20-50절을 읽어보라.

유다와 지도자들이 음모를 꾸미다

대제사장들과 장로들이 가룟 유다(예수님의 열두 제자 중 한 명)에게 예수님을 몰래 체포할 방법을 알려준 대가로 은 30을 준다.
이에 대해서는 마태복음 26장 3-16절, 마가복음 14장 1-11절, 누가복음 22장 1-6절을 읽어보라.

예수님과 제자들이 마지막 음식을 나누다

예수님과 제자들이 유월절 음식을 먹기 위해 예루살렘에서 빌린 다락방에 모인다. 예수님은 제자들에게 겸손의 자세와 무욕(self-lessness)의 본을 보이기 위해 그들의 발을 씻기신다(보통 종들이 관례적으로 행하던 일). 또 중요한 마지막 교훈을 가르치시고 성만찬의 실행과 의미를 제정하신다.

이에 대해서는 마태복음 26장 17-35절, 마가복음 14장 12-31절, 누가복음 22장 7-38절, 요한복음 13장 1절-17장 26절을 읽어보라.

예수님이 기도하시다

식사를 마친 후 예수님은 끔찍한 죽음이 다가오고 있음을 아시고, 겟세마네 동산으로 가서 아버지의 뜻이 이루어지기를 간절히 기도하신다.

이에 대해서는 마태복음 26장 36-46절, 마가복음 14장 32-42절, 누가복음 22장 39-46절, 요한복음 18장 1절을 읽어보라.

예수님이 체포되시다

밤늦은 시간 예수님이 겟세마네에서 기도를 마치셨을 때, 가룻 유다(예수님의 제자 중 한 명)가 군인 한 무리와 몇몇 유대 종교지도자들과 함께 도착한다. 유다가 입맞춤으로 예수님을 배반하며 신호를 보낸다. 베드로가 칼을 빼 말고의 귀를 벤다. 예수님이 이 대담하고 충동적인 제자에게 물러나라 말씀하시며 말고의 귀를 고쳐주신다. 군중이 예수님을 체포해 끌고 간다.

이에 대해서는 마태복음 26장 47-56절, 마가복음 14장 43-52절, 누가복음 22장 47-53절, 요한복음 18장 2-11절을 읽어보라.

예수님이 재판받고 배척당하고 십자가에 못 박히시다

예수님은 체포되신 후 밤새 불법적인 재판을 받으신다. 대제사장, 제사장, 장로, 율법학자들(보통은 별로 뜻을 같이하지 않던 사람들)이 예수님을 반대하는 데 전심으로 연합한다. 예수님을 반박하는 증인들이 앞뒤가 맞지 않고 모순되는 증언을 하는데도, 지도자들은 예수님에게 신성모독의 죄가 있고 죽어 마땅하다는 결정을 내린다.

한편 베드로는 자신만의 시련에 맞닥뜨린다. 앞서 주님께 절대적으로 헌신하겠다고 맹세했음에도(주를 위해 죽기까지 하겠다고 표현했지만), 베드로는 예수님과 아무 상관이 없고 심지어 그분을 알지도 못한다고 세 번이나 부인한다.

종교지도자들은 처형을 집행할 법적 권한이 없기에, 로마 정부의 승인을 얻고자 한다. 그 지역을 다스리던 로마 관리 본디오 빌라도는 예수를 처형시키라는 그들의 요구를 거절한다. 그러나 그들이 계속해서 고집하자, 예수님을 헤롯 안티파스 왕에게 보낸다. 헤롯은 예수님을 만날 기회가 생기자 기뻐한다. 아마도 기적을 볼 수 있을 거라 생각했을 것이다. 예수님이 질문에 대답하지 않자, 헤롯과 그의 병사들은 예수님을 모욕하고 그를 다시 빌라도에게 돌려보낸다. 빌라도는 예수님을 풀어주고자 했으나, 군중이 들고일어나 봉기를 일으키려 하자 마지못해 사형을 언도한다.

군인들은 예수님을 데려가 옷을 벗긴 후 모욕하고 때리고 채찍질한다. 예수님을 실컷 모욕한 후, 평범한 두 강도 사이에 예수님을 못 박는다. 대략 6시간 정도 끔찍한 시간이 흐른 후, 예수님은 돌아가신다.

이에 대해서는 마태복음 26장 57절-27장 56절, 마가복음 14장 53절-15장 41절, 누가복음 22장 54절-23장 49절, 요한복음 18장 12절-19장 37절을 읽어보라.

예수님이 장사되시다

예수님이 돌아가신 후, 요셉이라는 경건한 아리마대 사람(예수님을 죽이려는 계획에 반대한 공회원 일원)이 빌라도에게 예수님의 시신을 달라고 요구한다. 빌라도가 허락하자 요셉은 급히 예수님의 시신을 싸서, 안식일이 시작되는 금요일 해가 지기 직전에 새 무덤에 안치한다. 그리고 무덤 입구를 큰 돌로 막는다. 이것은 이사야의 예언을 성취한 것인데, 메시아의 시신이 부자의 무덤에 있게 될 거라는 예언이다(사 53:9). 빌라도는 무덤 입구가 봉해졌는지 확인하고 로마 군인들로 지키게 한다.

이에 대해서는 마태복음 27장 57-66절, 마가복음 15장 42-47절, 누가복음 23장 50-56절, 요한복음 19장 38-42절을 읽어보라.

예수님이 죽은 자 가운데서 살아나시다

"천사가 여자들에게 말하여 이르되 너희는 무서워하지 말라 십자가에 못 박히신 예수를 너희가 찾는 줄을 내가 아노라 그가 여기 계시지 않고 그가 말씀하시던 대로 살아나셨느니라 와서 그가 누우셨던 곳을 보라" _마 28:5-6

이른 일요일 아침, 몇몇 예수님을 따르던 여자들이 무덤으로 간다. 그들의 계획은 예수님의 시신에 장례 준비를 마치는 것이었다. 안식일이 시작되는 바람에 요셉이 미처 할 수 없었던 일이다. 그들은 돌이 옮겨지고 예수님의 시신이 없어진 것을 알게된다. 천사들이 예수님의 말씀대로 그분이 살아나셨다고 확인해 준다. 여자들이 가서 이 모든 일을 제자들에게 말한다.

그다음 몇 주에 걸쳐, 예수님은 열한 제자(가룻 유다는 예수님을 배신한 후 자살했다)에게 나타나신다. 그들 중 많은 사람이 여러 번 부활하신 예수님을 목격한다. '의심하는 도마'도 보고 믿게 된다. 갈릴리 호수에도 부활하신 예수님이 나타나시는데, 여기서 예수님은 예수님을 부인하여 마음이 상한 베드로를 회복시키신다.

이에 대해서는 마태복음 28장 1-15절, 마가복음 16장 1-8절, 누가복음 24장 1-49절, 요한복음 20장 1절-21장 25절을 읽어보라.

예수님이 하늘로 올라가시다

"축복하실 때에 그들을 떠나 [하늘로 올려지시니]" _ 눅
24:51

부활하고 승리한 구원자로서 예수님은 이 땅에서 마지
막 사역을 하시면서, 제자들에게 하나님이 성령의 능력
을 주실 때까지 예루살렘에서 함께 기다리라고 말씀하
셨다. 그들은 모든 곳에 복음을 전하고 모든 사람을 제
자로 삼아야 했다. 이것이 중요한 이유는 예수님이 다시
오시기 때문이다.
이에 대해서는 마태복음 28장 16-20절, 누가복음 24장
50-53절, 사도행전 1장 3-11절을 읽어보라.

"이 말씀을 마치시고 그들이 보는데 올려져 가시니
구름이 그를 가리어 보이지 않게 하더라 …
흰 옷 입은 두 사람이 그들 곁에 서서 이르되
갈릴리 사람들아 어찌하여 서서 하늘을 쳐다보느냐
너희 가운데서 하늘로 올려지신 이 예수는
하늘로 가심을 본 그대로 오시리라 하였느니라"

_ 행 1:9-11

아주 중요한 질문 하나

이것은 마태, 마가, 누가, 요한이 예수님의 삶과 가르침에 대해 밝힌 것을 아주 간결하게 요약한 것이다. 그리고 모든 사건, 가르침, 기적, 오해가 아주 중요한 질문 하나를 불러일으킨다. 바로 예수님과 제자들이 가이사랴 빌립보로 여행할 때, 예수님이 따르는 자들에게 직접 물으신 질문이다.

> 길에서 제자들에게 물어 이르시되
> "사람들이 나를 누구라고 하느냐?"
> 제자들이 여짜와 이르되
> "세례 요한이라 하고 더러는 엘리야, 더러는 선지자 중의 하나라 하나이다"
> 또 물으시되
> "너희는 나를 누구라 하느냐?"
> _ 막 8:27-29

말 그대로다. "너희는 나를 누구라 하느냐"라는 이 질문이 모든 다른 질문을 능가한다. 이것이 이 덧없는 삶을 살면서 누구나 하게 되는 가장 중요한 질문이다.

C. S. 루이스는 예수님의 주장은 (그것이 거짓이라면) 아무짝에도 쓸모없거나, (그것이 사실이라면) 가장 중요하거나 둘 중 하나라고 주장했는데, 맞는 말이다. 루이스는 예수님의 주장은 적당하게 중요할 수 없다고 결론내렸다.

예수님의 정체성을 묻는 질문에 예수님 당시 많은 사람이 대답했듯이 '예수님은 위대한 도덕 교사이자 예언자'라고 답할 수도 있을 것이다. 아니면 오늘날 많은 사람이 말하듯 '예수님은 훌륭한 분이었고, 정치적 혁명가였고, 신비론자였고, 기적을 행하는 자였고, 오해받은 순교자'였다고 답할 수도 있을 것이다. 아니면 예수님이 말씀하시고 행하신 모든 것을 보고 베드로처럼 "주는 그리스도시니이다"(막 8:29)라고 대답할 수도 있다.

자신에 관한 예수님의 주장

요한복음에서 예수님은 여러 번 자신의 진정한 정체성에 대해 주장하신다.

» **나는** ··· 그다(메시아)(요 4:26; 8:24; 13:19; 18:5, 8).

» **나는** ··· 생명의 떡이다(요 6:35, 41, 48, 51).

» **나는** ··· 하나님으로부터 왔다(요 7:29).

» **나는** ··· 세상의 빛이다(요 8:12; 9:5).

» **나는** ··· 위로부터 왔다(요 8:23).

» **나는** ··· 인자다(요 8:28).

» **나는** ··· 스스로 있는 자다(하나님이 출애굽기 3장 14절에서 모세에게 자신을 소개하신 이름, 요 8:58 참조).

» **나는** ··· 문이다(요 10:7, 9).

» **나는** ··· 선한 목자다(요 10:11, 14).

» **나는** ··· 하나님의 아들이다(요 10:36).

» **나는** ··· 부활이요 생명이다(요 11:25).

» **나는** ··· 선생이요 주다(요 13:13).

» **나는** ··· 길이요 진리요 생명이다(요 14:6).

» **나는** ··· 아버지 안에 있다(요 14:10-11, 20).

» **나는** ··· 참포도나무다(요 15:1, 5).

» **나는** ··· 세상에 속하지 않았다(요 17:14, 16).

» **나는** ··· 왕이다(요 18:37).

"내가 곧 길이요 진리요 생명이니 나로 말미암지 않고는
아버지께로 올 자가 없느니라"

_ 요 14:6

예수님은 하나님께 나아가는 길을 보여주시고, 하나님에 대한 진리를 제공해 주신다. 그뿐 아니라 오직 하나님만 주실 수 있는 생명(새 생명, 영원한 생명, 풍성하고 만족스러운 삶)을 주신다.

예수님이 당당하게 자신이 유일한 길이요 진리요 생명(하나의 길이지만 많은 진리 중 하나는 아님)이라고 주장하신다는 점에 주목하는 것이 중요하다. 혹시 이 중요한 차이점을 놓치는 사람이 있을까 봐 예수님은 이렇게 덧붙이신다. "나로 말미암지 않고는 아버지께로 올 자가 없느니라"(요 14:6).

사람들은 종종 예수님의 주장을 무시해 버리거나, 왜 하나님께로 가는 길이 열 개 혹은 백 개 혹은 수없이 많지 않은지에 대해 논쟁한다. 그러나 예수님을 통해 하나님과 관계 맺는 길이 열린다는 것을 알게 되면 논쟁이 아니라 기뻐하게 된다! 예수님은 우리가 예수님을 알면 아버지를 안다고 말씀하신다. 우리가 예수님을 보는 것은 곧 아버지를 보는 것이다(요 14:7).

예수님의 삶과 죽음과 부활을 배우고 묵상하면 할수록 왜 그것이 복음이 되는지 더 잘 이해하게 될 것이다. 복음은 '기쁜 소식'이다.

바라기는 짧게나마 예수님에 대해 살펴본 것으로 당신이 예수님에 대해 더 많이 알고 싶어졌으면 한다. 현명한 사람이라면 이 책을 내려놓고 복음서를 직접 읽을 것이다. 그가 바로 당신이기를 바란다. 성경의 핵심인 그분으로 인해 기뻐하는 당신이 되길 진심으로 바란다.

SELF-GUIDED TOUR OF THE BIBLE

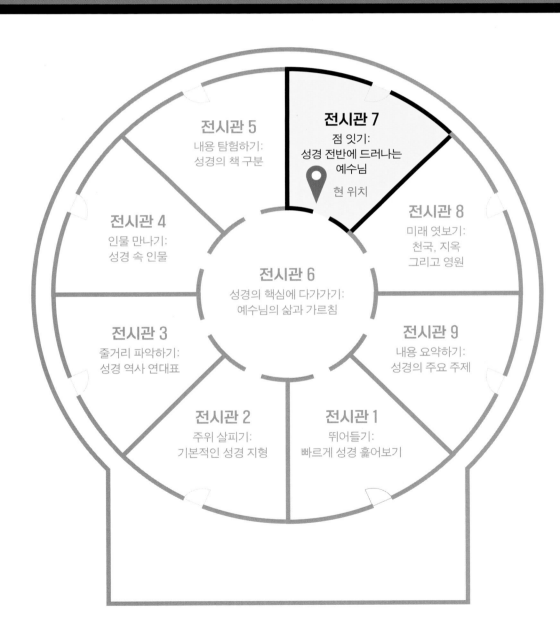

어떤 사람들은 구약과 신약을 읽고 나서, 성경은 일관성 없는 두 부분으로 이루어져 있다고 생각할지도 모른다. 그러나 성경 전체는 한 명의 주인공과 하나의 줄거리를 가진 하나의 이야기다. 여기 성경의 모든 점을 연결해 성경의 신비를 밝히는 데 도움이 되는 진리가 하나 있다. 바로 '성경은 처음부터 끝까지 예수님에 대한 내용'이라는 사실이다.

정말 그렇다. 성경의 모든 것은 예수님을 가리킨다. 구약(모든 율법과 더불어)은 그분의 오심을 '기대'한다. 그리고 사복음서(마태복음, 마가복음, 누가복음, 요한복음)가 그분의 삶과 죽음, 부활, 승천을 말한 후, 사도행전과 신약의 모든 서신서가 그분의 오심을 '회고'한다. 성경의 마지막 책은 그분의 '재림'을 예언한다. 성경은 예수님에 대한 책이다. 그리고 성경의 핵심은 우리로 하여금 긴 율법조항을 따르거나, 뭔가가 되기 위해 열심히 노력하게 하려는 것이 아니다. 우리가 예수님을 믿게 하는 것이 성경의 핵심이다!

이 중요한 진리를 무시한다면 이 책은 안내서로서 역할을 제대로 할 수 없을 것이다. 그래서 지금까지 예수님이 어떻게 성경의 중심이 되는지, 즉 성경의 모든 장에서 어떻게 예수님을 엿볼 수 있는지 샅샅이 살펴보는 데 주력했다. 구약에 나오는 예수님에 관한 언급과 암시를 다 열거할 수 없기에, 여기에 중요한 사건 20개만 말해 보겠다.

예표론은 무엇인가?

성경적으로 말하면, 예표론이란 구약에 나오는 어떤 인물이나 물건 혹은 사건이 어떻게 신약에 나오는 오신 분, 물건 혹은 사건을 미리 보여주거나 힌트가 되는지를 연구하는 것이다.

예를 들면, 구약에서 반역하는 이스라엘 백성이 독사에게 물리는 벌을 받는 사건이 있다. 그런데 모세가 놋뱀을 만들어 장대에 매달고, 그것을 본 사람은 모두 치유를 받는다(민 21:4-9). 이후에 신약에서, 예수님은 이 놋뱀 사건이 당신의 십자가 죽음을 미리 보여준 것이라고 말씀하신다. 예수님은 매달리게 될 것이다. 그리고 그분을 보는(즉, 그분을 믿는) 모든 사람은 구원을 얻을 것이다(요 3:14-15).

구약을 읽을 때 이런 예표를 많이 발견하게 된다. 다른 말로 하면, 구약은 끊임없이 예수님을 가리킨다!

예수님은…

사탄의 머리를 밟은 하와의 후손

"하나님의 아들이 나타나신 것은 마귀의 일을 멸하려 하심이라" _ 요일 3:8

참고 사항

창세기 3장에서 아담과 하와가 마귀인 뱀의 말을 듣고 하나님께 불순종하자, 하나님은 그들의 행동이 가져올 결과를 분명히 말씀하신다. 그중에는 하와의 후손과 뱀의 후손이 끊임없이 적대 관계일 것도 포함되어 있다. 그런 다음 하나님은 뱀에게 말씀하신다. "여자의 후손은 네 머리를 상하게 할 것이요 너는 그의 발꿈치를 상하게 할 것이니라"(창 3:15).

성취

예수님이 십자가에 달리셨을 때는 그분이 패한 것처럼 보였을지 모른다. 마치 사탄이 예수님을 무찌르고 승리한 것처럼 보였다. 그런데 예수님은 사흘 만에 죽은 자 가운데서 살아나셔서 사탄을 멸하셨음을 증명하신다. 예수님은 우리를 위해 잠시 고통당하셨지만, 십자가에서 악을 영원히 물리치셨다.

마지막 아담

"아담 안에서 모든 사람이 죽은 것 같이 그리스도 안에서 모든 사람이 삶을 얻으리라" _ 고전 15:22

참고 사항

하나님께 불순종해 세상을 죄와 사망에 이르게 한 첫 사람인 아담을 구약에서 만나게 된다(창 1-4장).

성취

신약에서 사도 바울은 예수님을 "마지막 아담"이라고 부르는데, 모든 것을 살릴 수 있는 분이라는 의미다(고전 15:45). 예수님은 죄와 사망의 저주를 철회하셨다(롬 5:12-17).

우리의 대제사장이자 왕

"그가 여호와의 전을 건축하고 영광도 얻고 그 자리에 앉아서 다스릴 것이요 또 제사장이 자기 자리에 있으리니" _ 슥 6:13

참고 사항

아브라함은 전쟁에서 승리한 후 하나님의 제사장인 살렘 왕 멜기세덱을 만난다. 멜기세덱은 아브라함을 축복한다. 아브라함은 이 낯선 왕에게 전리품의 십분의 일을 바친다(창 14:17-20). 멜기세덱은 특별하다. 구약에서 왕과 제사장을 겸한 사람은 아무도 없다.

구약에서 스가랴 선지자는, 이스라엘의 구세주는 왕이자 제사장으로서 둘의 조화를 이룰 것이라고 예언한다(슥 6:12-13).

성취

신약의 히브리서는, 멜기세덱은 만왕의 왕이자 대제사장이신 예수님을 예표한다고 말한다. 히브리서 기자가 멜기세덱에 대해 "시작한 날도 없고 생명의 끝도 없어"라고 말할 때, 우리는 그리스도를 생각하게 된다(히 7:3).

찢긴 휘장

이스라엘의 대제사장은 1년에 한 번 성전의 구별된 장소인 지성소에 들어간다. 이 방과 성전의 다른 장소를 구별하는 두꺼운 장막 뒤에서, 대제사장은 이스라엘의 죄를 위해 하나님께 신성한 제사를 드렸다.

예수님이 십자가에서 돌아가시던 순간, 성소의 휘장은 기적적인 방법으로 위에서부터 아래까지 찢어져 둘이 된다(마 27:51). 이것은 예수님의 십자가 죽음으로 하나님께 가는 길이 (그저 제사장들만이 아니라 우리 모두를 위해) 열렸음을 의미한다.

예수님은 과거에도 지금도 우리의 완벽한 대제사장이 되어, 그분을 믿는 모든 사람이 하나님의 임재로 들어가게 하신다.

우리의 대속제물

"친히 나무에 달려 그 몸으로 우리 죄를 담당하셨으니 이는 우리로 죄에 대하여 죽고 의에 대하여 살게 하려 하심이라" _ 벧전 2:24

참고 사항

창세기 22장에서 하나님은 아브라함에게 사랑하는 아들을 제물로 바치라고 하신다. 어린 이삭이 제단에 묶여 누워 있는데, 하나님이 마지막 순간에 개입하신다. 하나님은 아브라함을 불러 가까운 덤불에 있는 숫양을 발견하게 하신다. 이 숫양이 이삭을 대신해 제단에서 죽는다.

성취

이삭을 기꺼이 바치려는 아브라함의 의지는 하나님이 당신의 아들을 희생시키고자 하는 것을 예표한다. 하나님의 은혜로 주신 숫양은 예수님을 예표하는데, 예수님은 우리의 대속제물이 된다 (눅 22:19-20).

우리의 유월절 어린양

"이튿날 요한이 예수께서 자기에게 나아오심을 보고 이르되 보라 세상 죄를 지고 가는 하나님의 어린 양이로다" _ 요 1:29

참고 사항

출애굽기 7-12장을 보면, 하나님은 완악한 파라오가 이스라엘 백성을 노예에서 풀어주도록 설득하기 위해 일련의 재앙을 보내신다. 마지막 열 번째 재앙은, 흠 없는 어린 양의 피를 문설주에 바르지 않으면 각 집의 장자가 죽는 재앙이다. 하나님은 어린 양의 피를 바른 집을 '넘어가겠다'고 약속하시는데, 죽음의 역병이 그 집의 가족을 건들지 않을 것이라는 약속이다(출 12:13).

성취

신약은 우리 죄를 짊어지고 영원한 죽음에서 우리를 구원하시는 하나님의 어린 양, 곧 우리의 유월절 어린 양이 예수 그리스도라고 말한다(요 1:36; 롬 5:10; 고전 5:7).

반석

"다 같은 신령한 음료를 마셨으니 이는 그들을 따르는 신령한 반석으로부터 마셨으매 그 반석은 곧 그리스도시라" _고전 10:4

참고 사항

출애굽기 17장 1-7절에서, 이스라엘 백성은 건조한 광야에서 물을 찾지 못하자 모세에게 불평한다. 이에 하나님은 모세에게 호렙산 반석에서 사람들 앞에 서서 그 바위를 지팡이로 치라고 명령하신다. 모세가 그렇게 하자 물이 나오고, 사람들은 물을 마신다.

성취

신약은 예수님이 우리의 반석이라고 말한다(롬 9:33; 벧전 2:8). 예수님은 자신이 우리의 깊은 목마름을 해결하며 영생하도록 솟아나는 샘물이라 말씀하신다(요 4:10-14; 7:38).

희생양

"그[예수님]가 우리 죄를 없애려고 나타나신 것을 너희가 아나니 그에게는 죄가 없느니라" _요일 3:5

참고 사항

레위기 16장에서, 하나님은 이스라엘 백성에게 1년에 한 번 염소 두 마리로 제사를 지내라고 말씀하신다. 두 마리 중 한 마리는 사람들을 위해 바치는 속죄제물이다. 대제사장은 사람들 앞에서 이 염소에게 손을 얹어 안수하고 사람들이 범한 모든 죄를 고백하는데, 이는 상징적으로 사람들의 죄를 염소에게 전가하는 것이다. 그런 뒤 희생양이라 불리는 이 염소는 멀리 끌고 가 광야에 풀어놓는다.

성취

구약에 나오는 희생양은 우리 죄를 영원히 짊어진 우리의 궁극적인 희생양이신 예수님을 예표한다(히 10:1-14).

모세 같은 선지자

"모세가 말하되 주 하나님이 너희를 위하여 너희 형제 가운데서 나 같은 선지자 하나를 세울 것이니" _ 행 3:22

참고 사항

신명기 18장 15-19절에서 모세는 자신과 같을 미래의 선지자에 대해 말한다.

성취

신약은 예수님이 그 선지자라고 선포한다(행 3:22-26). 예수님과 모세는 다음의 표와 같으므로, 예수님은 모세 '같은' 분이다.

	모세	예수님
유년기에 잔인한 통치자에게 위협받음	출 1:1-2:10	마 2:1-20
겸손함(humble)	민 12:3	마 11:29
포로 된 자를 자유로 인도할 사명을 받음	출 3:10	누 4:17-21
담대한 중재자	민 11:2	요 17:1-26
언약의 중보자	출 19:5	히 9:15

구름기둥과 불기둥

"예수께서 또 말씀하여 이르시되 나는 세상의 빛이니 나를 따르는 자는 어둠에 다니지 아니하고 생명의 빛을 얻으리라" _ 요 8:12

참고 사항

출애굽기 13장 21-22절 그리고 민수기 14장 14절은, 이스라엘 백성이 약 40년간 가나안 남쪽 사막을 헤맬 때, 하나님이 낮에는 거대한 구름기둥으로 밤에는 불기둥으로 어떻게 인도하셨는지 보여준다. 구름기둥과 불기둥은 계속해서 그들을 인도했을 뿐 아니라 그들과 함께하는 하나님의 끊임없는 임재를 상기시켜준다.

성취

구름기둥과 불기둥은 예수님을 예표하는 역할을 한다. 우리의 빛이시며 인도자 되시는 예수님은 절대 우리를 떠나지 않으신다(마 28:20; 요 12:46). 우리는 그분을 따른다(막 1:17).

놋뱀

"모세가 광야에서 뱀을 든 것 같이 인자도 들려야 하리니 이는 그를 믿는 자마다 멸망하지 않고 영생을 얻게 하려 하심이니라" _ 요 3:14-15

참고 사항

민수기 21장 4-9절에서 이스라엘 백성은 하나님께 불평하고 반항하다 독사에 물린다. 하나님은 모세에게 놋뱀을 만들어 장대에 높이 매달라고 하신다. 뱀에 물린 사람은 누구든 장대에 매달린 놋뱀을 바라보면 살았다.

성취

예수님은 요한복음 3장에서 놋뱀이 들린 것같이 예수님 자신도 십자가에 달리게 될 것을 말씀하신다. 우리 죄의 결과는 죽음이나, 우리를 구원하신 예수 그리스도를 바라보면 살 것이다(롬 6:23).

우리의 기업 무를 자

"우리 주 예수 그리스도의 은혜를 너희가 알거니와 부요하신 이로써 너희를 위하여 가난하게 되심은 그의 가난함으로 말미암아 너희를 부요하게 하려 하심이라" _ 고후 8:9

참고 사항

룻기에는 강직한 보아스가 친척 나오미의 땅을 사고, 나오미의 과부 된 며느리 룻과 결혼하여 가계를 잇는 내용이 기록되어 있다. 그같이 하여 보아스는 나오미와 룻을 가난과 궁핍의 위험에서 구하고, 미래를 보장하는 "기업 무를 자"(룻 3:9)의 역할을 한다.

성취

신약에서 예수님은 보아스같이 행동하신다. 영적 결핍에서 우리를 구원하시고, 그분의 신부 된 그리스도인(교회)으로 만들어주신다(엡 5:25-33; 계 21:1-9; 22:17).

하나님의 기름부름 받은 자

"하나님이 나사렛 예수에게 성령과 능력을 기름 붓듯 하셨으매 그가 두루 다니시며 선한 일을 행하시고 마귀에게 눌린 모든 사람을 고치셨으니 이는 하나님이 함께 하셨음이라" _ 행 10:38

참고 사항

사무엘상 2장 35절에서 하나님은 엘리 제사장에게 '하나님의 마음과 뜻'대로 행할 "충실한 제사장"을 일으키겠다고 말씀하신다. 하나님은 이 제사장을 "기름부음을 받은 자"라고 부르신다. 이러한 묘사는 구약의 다른 구절에서도 반복된다(시 132:10; 단 9:25-26).

성취

신약은 예수님이 하나님의 기름부음 받은 자임을 여러 차례 언급한다(눅 4:18; 행 10:38; 히 1:9). 예수님은 하나님의 뜻대로 모든 것을 행하시는 충실한 제사장이다. 메시아(그리스어로 그리스도)라는 말은 "기름부음 받은 자"라는 뜻을 가진 히브리어 단어에서 유래한다(요 4:25-26).

다윗의 후손

"[하나님이 다윗에게] 네 집과 네 나라가 내 앞에서 영원히 보전되고 네 왕위가 영원히 견고하리라 하셨다 하라" _ 삼하 7:16

참고 사항

사무엘하 7장 12-16절에서 하나님은 다윗에게 왕의 계보가 영원히 지속되고 확장될 것을 약속하셨다. 그런데 바벨론이 유다 왕국을 몰살했을 때 다윗 왕의 혈통은 끝났는가, 아니면 이어졌는가?

성취

예수님이 다윗의 후손임을 신약에서 알게 된다(마 1:1-17; 눅 3:23-31). 예수님은 수 세기 전의 왕들과 달리 이 세상에 왕국을 세우지 않으셨다. 대신 하나님나라를 강조하신다. 예수님은 모든 피조물을 영원히 통치할 만왕의 왕이다(계 19:16). 이런 의미에서 다윗 왕의 혈통과 다윗의 후손은 예수님으로 말미암아 이어진 것이다(눅 1:27; 딤후 2:8).

고난받는 자

"보라 처녀가 잉태하여 아들을 낳을 것이요 그의 이름은 임마누엘이라 하리라 하셨으니 이를 번역한즉 하나님이 우리와 함께 계시다 함이라"_ 마 1:23(사 7:14)

예수님이 태어나기 몇백 년 전에, 이사야 선지자는 이스라엘에 오실 메시아에 대해 세부사항을 기록했다. 신약은 이 모든 예언이 얼마나 성취되었는지 보여준다.

참고 구절	성취
처녀에게서 태어난다(사 7:14).	예수님은 기적적인 방법으로 처녀 마리아에게서 태어나셨다(눅 1:34).
눈먼 자, 듣지 못하는 자, 저는 자, 말 못하는 자를 고친다(사 35:5-6).	예수님은 이 땅에 있는 동안 많은 사람을 고치셨다(마 4:23).
길을 예비하는 자가 있다(사 40:3).	세례 요한은 예수님의 사역을 예비했다(막 1:1-8).
자신의 백성에게 멸시를 받았다(사 49:7).	예수님은 살아계신 동안 종교지도자들에게 배척당하고 결국 처형당하셨다(마 12:14; 27:32-50; 눅 4:14-30).
외모가 초라하다(사 53:2).	예수님은 완전히 하나님이지만 자기를 비워 사람들과 같이 되셨다(빌 2:6-8).
자기 자신을 제물로 드린다(사 53:10).	예수님은 기꺼이 십자가에 달리셨다(요10:18).
많은 이들의 죄를 담당하신다(사 53:12).	그분은 죽으심으로 모든 인간의 죄를 담당하셨다(벧전 2:24).

가지

"내가 다윗에게 한 의로운 가지를 일으킬 것이라 그가 왕이 되어 지혜롭게 다스리며 세상에서 정의와 공의를 행할 것이며"_ 렘 23:5

참고 사항

이사야, 예레미야, 스가랴 이 세 명의 선지자는 가지, 싹, 뿌리라는 이미지를 사용해, 다윗의 계보에서 나온 싹이 현명하고 훌륭한 왕으로 자라고 세력을 펼치고 다스릴 거라 말한다(사 4:2; 11:1; 53:2; 렘 23:5; 33:15; 슥 3:8; 6:12).

성취

요한계시록은 다윗의 후손인 예수님을, 영원한 왕으로서 위풍당당하게 다스리는 "다윗의 뿌리"로 묘사한다(계 5:5; 22:16).

인자

"인자가 자기 영광으로 모든 천사와 함께 올 때에 자기 영광의 보좌에 앉으리니"
_마 25:31

예언

예언은 하나님이 사람에게(to) 그리고 사람을 통해(through) 말씀하시는 것이라고 간단하게 정의할 수 있다. 예언에는 두 가지 유형이 있는데, 하나는 이미 계시된 말씀을 널리 전파하는 것이고(forthtelling), 다른 하나는 예언하는 것이다(foretelling). 계시된 말씀을 널리 전파하는 것은 선지자 혹은 우리가 하나님께 받은 진리를 선포하는 것이다. 또 다른 예언은 하나님의 능력으로 장래의 일을 알리는 것이다.

참고 사항

선지자 다니엘은 자신이 본 환상에 대해 "인자 같은 이가 하늘 구름을 타고 와서" "권세와 영광과 나라를 주고" 이 통치자의 나라는 "모든 백성과 나라들과 다른 언어를 말하는 모든 자들이" 섬기는 영원한 나라라고 말한다(단 7:13-14).

성취

복음서에서 예수님은 자신을 주로 "인자"라고 말씀하신다(마 9:6; 막 2:28; 눅 9:26; 요 12:23). 예수님은 십자가에 달리기 전 자신을 고발한 자들에게 분명하고 뚜렷하게 말씀하신다. "이 후에 인자가 권능의 우편에 앉아 있는 것과 하늘 구름을 타고 오는 것을 너희가 보리라"(마 26:64). 예수님은 승천하시기 전 제자들에게 "하늘과 땅의 모든 권세를 내게 주셨으니"(마 28:18)라고 말씀하신다. 요한계시록에는 각 나라와 족속과 백성과 방언의 큰 무리가 그분의 보좌 앞에 경배한다고 말한다(계 7:9-10).

신랑

"신랑이 신부를 기뻐함 같이 네 하나님이 너를 기뻐하시리라" _사 62:5

참고 사항

구약은 하나님과 백성의 관계를 말하기 위해 결혼과 관련한 비유적 묘사와 상징을 많이 사용한다. 하나님은 신랑으로, 그분의 백성은 통틀어 신부로 그렸다(사 54:5; 렘 31:32; 호 1-3장).

성취

예수님 또한 이 비유를 사용하며 자신을 "신랑"이라 부르신다(마 9:15). 사도 요한은 요한계시록에서 "어린 양의 혼인 기약이 이르렀고 그의 아내가 자신을 준비하였으므로"라고 말한다(계 19:7).

요나보다 크신 분

"요나가 밤낮 사흘 동안 큰 물고기 뱃속에 있었던 것 같이 인자도 밤낮 사흘 동안 땅속에 있으리라" _ 마 12:40

참고 사항

구약 요나서에서 하나님을 떠난 백성에게 마지못해 심판의 메시지를 전하는 선지자를 만나게 되는데, 그것도 물고기 배 속에서 사흘 밤낮을 기도한 후였다.

성취

신약에서 예수님은 하나님에게서 멀어진 자들을 불쌍히 여기시며, 기쁨으로 기꺼이 회개와 은혜의 메시지를 전하셨다(막 1:15; 6:34). 예수님은 사흘 밤낮을 땅속에 계시며 요나보다 더 큰 분임을 증명하셨다(마 12:38-41).

못 박힌 구세주

"그가 찔림은 우리의 허물 때문이요 그가 상함은 우리의 죄악 때문이라 그가 징계를 받으므로 우리는 평화를 누리고 그가 채찍에 맞으므로 우리는 나음을 받았도다" _ 사 53:5

참고 사항

구약의 이사야와 스가랴 선지자는 찔릴 사람을 언급하는데, 이사야는 그 찔림으로 우리가 나음을 입었다고 덧붙인다(사 53:5; 슥 12:10).

성취

요한은 이러한 찔림이 예수님의 십자가에서 일어났다고 기록한다(요 19:33-34). 예수님의 제자 도마는 예수님의 부활을 의심하며, 그분의 손에 있는 못 자국과 찔린 옆구리를 보지 않고는 믿지 않겠다고 말한다. 결국 도마는 보고 난 후 믿게 된다(요 20:25-29).

선한 목자

"나는 선한 목자라 선한 목자는 양들을 위하여 목숨을 버리거니와" _ 요 10:11

참고 사항

구약의 선지자들은 이스라엘의 제사장들이 하나님의 백성을 돌보는 이기적이고 악한 목자라고 종종 비난한다(사 56:11; 렘 10:21; 겔 34장).

성취

신약에서 예수님은 자신을 가리켜, 자기를 따르는 자들의 선한 목자라고 묘사하신다(요 10:11-14). 또 "목자장"(벧전 5:4)이며 "양들의 큰 목자"(히 13:20)라고도 일컬으신다.

장엄한 종말과 위대한 계시

성경의 마지막 책인 요한계시록에서 사도 요한은 미래와 영원을 엿본다. 하나님은 요한에게 (그리고 우리에게), 예수님이 진짜 본성을 강조하는 몇몇 서술적인 칭호와 이름으로 어떻게 불리게 되는지 드러내신다.

■ **알파와 오메가** (계 1:8; 21:6; 22:13)

알파는 그리스 알파벳의 첫 자이고 오메가는 마지막 자다(영어의 A와 Z와 같다). 예수님은 태초에는 창조주로, 종말에는 심판자로서 삶의 버팀목이 되신다.

■ **유다 지파의 사자** (계 5:5)

때때로 우리는 예수님을 하나님의 어린 양이라고만 생각하고 사자라고는 생각하지 않는다. 그러나 예수님은 양처럼 온순하시고 사자처럼 강하시다.

■ **하나님의 말씀** (계 19:13)

말씀이 설명하고, 예수님은 혼란한 세상을 향해 하나님을 설명한다(요 1:18).

■ **만왕의 왕이며 만주의 주** (계 19:16)

예수님은 최고의 통치자이며 지도자이자 선지자, 구원자시다. 바울은 디모데에게 보내는 첫 편지에 이와 같은 표현을 사용한다(딤전 6:15).

■ **광명한 새벽 별** (계 22:16)

예수님은 세상을 덮고 있는 어두운 밤을 몰아내신다(요 8:12; 9:5, 벧후 1:19).

성경은 예수님을 '포함하는' 하나의 이야기가 아니다. 예수님에 '대한' 이야기다. 실제로 예수님은 성경 전체에 등장하신다. 구약의 역사서와 시편, 예언서에서도 보인다. 성경을 읽으면서 성경이 예수님을 강조하고 있음을 간과한다면, 성경의 핵심을 놓치는 것이다.

"우리 주 예수 그리스도의 은혜를 너희가 알거니와
부요하신 이로써 너희를 위하여 가난하게 되심은
그의 가난함으로 말미암아 너희를 부요하게 하려 하심이라"

_ **고후 8:9**

SELF-GUIDED TOUR OF THE BIBLE

Chapter 8

미래 엿보기
천국, 지옥 그리고 영원

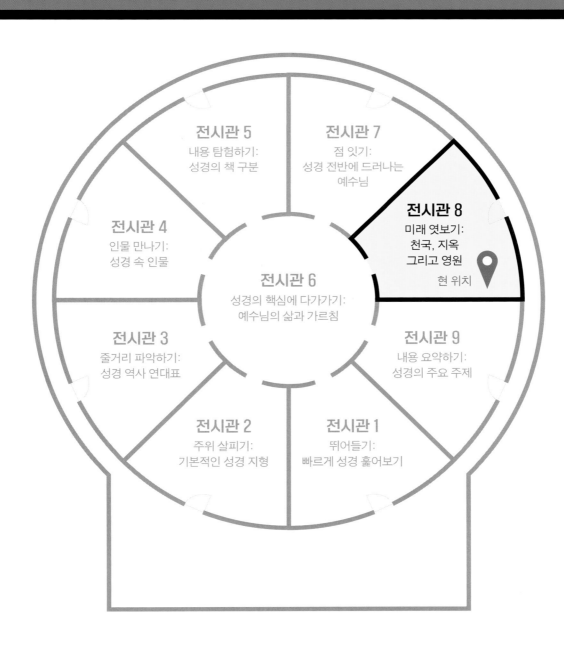

전시관 5
내용 탐험하기:
성경의 책 구분

전시관 7
점 잇기:
성경 전반에 드러나는
예수님

전시관 8
미래 엿보기:
천국, 지옥
그리고 영원

현 위치

전시관 4
인물 만나기:
성경 속 인물

전시관 6
성경의 핵심에 다가가기:
예수님의 삶과 가르침

전시관 9
내용 요약하기:
성경의 주요 주제

전시관 3
줄거리 파악하기:
성경 역사 연대표

전시관 2
주위 살피기:
기본적인 성경 지형

전시관 1
뛰어들기:
빠르게 성경 훑어보기

한 중산층 부부가 결혼 30주년 기념으로 꿈에 그리던 로키산맥의 오두막을 샀다고 발표하자 모두 깜짝 놀란다. 사람들은 '말도 안 돼!'라고 생각했다. 부부는 교사였다. 월급이 그리 많지 않았고, 늘 재정적으로 힘겨워 보였다. 어떻게 이런 일이 가능했을까?

그들의 이야기를 들어보자. 그들은 복권에 당첨된 것도 아니고, 어마어마한 유산을 물려받은 것도 아니다. 그저 옛날 방식으로 저축해 왔다. 열심히 일하며 겸손하게 살았고, 매번 급여의 상당 부분을 저축했다. 그들이 긴 시간 동안 성실하게 저축한 것은 현명한 투자였다. 이것이 로키산맥이 보이는 전망 좋은 멋진 오두막을 현금으로 즉시 살 수 있었던 비결이다. 그들의 이야기를 들으며, 그들의 미래를 사진으로 본 사람들은 부러움 혹은 경외심으로(혹은 아마 두 마음이 조금씩 섞인 감정으로) 고개를 설레설레 흔들었다.

매우 계획적인 이 부부는 순간을 위해 사는 대신 미래지향적인 생각으로 미래의 소망을 따라 삶을 정돈했다. 사실 이것이 성경이 우리에게 바라는 것이다. 장기적인 관점을 갖는 것 말이다. 오두막, 콜로라도, 부동산, 은퇴에 초점 맞추는 것을 훨씬 뛰어넘어, '지금'과 '아직' 사이의 관계를 기억해야 한다. 왜일까? 신체적으로든 영적으로든 오늘 우리가 행하는 일(혹은 행하지 않는 일)은 우리의 내일에 직접적으로 영향을 미친다. 현재를 바꾸고 싶으면 미래를 보는 방법밖에 없다.

그렇게 하려면 늘 긴장의 끈을 놓을 수 없다. 그렇지 않은가? 어떤 사람은 현재에 지나치게 사로잡혀 미래의 결과(혹은 기회)에는 관심이 없다. 정반대의 경우도 있다. 그들은 지나치게 미래에 붙들려 현재 삶의 아름다움과 경이로움을 놓치고 만다. 성경은 우리에게 장래에 대해 근심하거나 염려하지 말고, 지혜롭게 장래를 염두에 두라고 말한다(마 6:34; 눅 16:1-9).

성경은 세상이 피할 수 없는 결말을 향해 움직이고 있음을 보여주는 삶의 이야기(진정한 삶의 이야기)다. 바로 이런 이유로, 이번 장에서는 성경이 미래에 대해 들려주는 네 가지를 간단하게 살펴보려고 한다.

1	다가오는 하나님나라
2	부활의 약속
3	심판의 확실성
4	천국과 지옥의 실재

다가오는 하나님나라

하나님나라에 대한 논의는 구약에서 시작된다. 구약의 기자들이 정확하게 '하나님나라'라는 명칭을 사용하지는 않지만, 그 개념에 대해서는 확실히 이해하고 밝히고 있다.

- 이사야는 백성을 이끌 그분에 대해 "기묘자라, 모사라, 전능하신 하나님이라, 영존하시는 아버지라, 평강의 왕이라"고 말한다(사 9:6).
- 에스겔은 백성을 먹이고 입히며 그들의 왕이 될 다윗 같은 목자에 대해 말한다(겔 34:23-24).
- 예레미야는 하나님이 다윗 왕 같은 이스라엘의 왕이 될 자를 세울 것이라고 확증한다(렘 30:9).

예수님은 이 땅에서 사역하실 때, 이스라엘의 왕으로서 자신의 정체성을 인정하고 받아들이셨다(마 21:5; 막 15:2; 요 1:49). 그러나 당시 유대인들이 기대한 왕은 전혀 아니었다. 그들은 이스라엘의 국권을 강화하고, 포악한 로마제국으로부터 최종적인 통치권을 가져올 세속적인 통치자를 원했다. 그러나 예수님은 죄의 압제로 눌린 모든 사람을 구원하셨고, 그들의 마음을 영원히 통치하신다. 예수님은 자주 '하나님나라'와 '천국'에 대해 이야기하셨기에 이는 놀랄 일이 아니다.

예수님은 제자들에게 "나라가 임하시오며"(마 6:10)라고 기도하도록 촉구하셨지만, 하나님의 나라가 가까이 왔다(막 1:15)고 선언하셨다. 그리스도께서 나라가 가까이 왔다 말씀하시고 제자들에게 나라가 임하시기를 기도하라고 하신 것은, 현재와 아직 오직 않은 하나님나라 이 두 가지 면을 보여준다.

지금	아직
우리가 살고 있는 세상이 그리스도를 알거나 그분께 복종하기를 거부할지라도, 믿는 자들은 바로 지금 자신의 삶을 예수님이 통치하시도록 허용하고 그분께 복종할 수 있다.	온 세상을 다스리시는 주님의 통치는 미래에 완전히 드러날 것이다. 예수 그리스도께서 다시 오실 때 우리는 하나님나라의 충만함을 경험할 것이다.

처음 예수님이 이 땅에 오셨을 때는 소수의 사람만 그분의 탄생을 알았다. 그러나 그분의 재림은 전 세계적인 현상이 될 것이다. 그때가 되면 모든 사람이 알게 될 것이다. 그날에 그리스도의 나라가 온전히 충만하게 임할 것이다. 모든 사람은 예수님이 영원한 왕임을 인정할 것이다. 온 세계가 예수님이 "만주의 주시요 만왕의 왕"(계 17:14)임을 알게 될 것이다.

"하늘에 있는 자들과 땅에 있는 자들과 땅 아래 있는 자들로 모든 무릎을 예수의 이름에 꿇게 하시고" _ 빌 2:10

예수님과 하나님나라

복음서 기자인 마태는, 예수님이 지상 사역을 시작하셨을 때 천국(하나님의 현재적·미래적 통치)에 대해 많이 말씀하셨다고 전한다. 마태복음에서 예수님은 다음과 같이 천국을 묘사하신다.

- 그것이 가까이 왔다(3:2; 4:17; 10:7).
- "심령이 가난한 자"와 "의를 위하여 박해를 받는 자"의 것이다(5:3, 10).
- '서기관과 바리새인보다 더 나은 의'를 요구한다(5:20).
- 그것은 비밀을 가지고 있으며 많은 이가 깨닫지 못한다(13:11-23).
- 마치 곡식과 가라지로 가득 찬 밭과 같다(13:24-29).
- 그것은 마치 아주 크게 자란 작은 "겨자씨"와 같다(13:31-32).
- "가루 서 말 속에 갖다 넣어 전부 부풀게 한 누룩"과 같다(13:33).
- "밭에 감추인 보화"와 "극히 값진 진주"와 같다(13:44-46).
- "각종 물고기를 모으는 그물"과 같다(13:47-50).
- "새것과 옛것을 그 곳간에서 내오는 집주인"과 같다(13:52).
- '어린아이 같은' 자들로 가득 차 있다(18:3; 19:14).
- 빚을 갚지 못하는 종을 탕감해 주는 왕과 같다(18:23-35).
- 지상의 부를 신뢰하는 사람은 들어가기 어렵다(19:16-24).
- 서로 다른 시간에 온 품꾼을 고용하고 동일한 삯을 지불한 주인과 같다(20:1-16).
- 초대받은 사람들이 오기 싫어해 대중에게 개방된 혼인잔치와 같다(22:2-14).
- 마지막 날에 신랑이 나타나기를 기다리는 처녀 열 명과 같은데, 그중 다섯은 준비가 되지 않아 혼인잔치에 참여할 수 없게 된다(25:1-13).

하나님나라의 의미

기독교인들이 하나님나라의 의미에 늘 동의하는 것은 아니다. 어떤 사람은 예수님이 죽음과 부활을 통해 이미 죄와 죽음을 이기셨기에, 하나님나라는 신실한 사람들의 마음 안에 있는 현재의 영적인 통치로 간주한다. 또 어떤 사람은 미래에 예수님이 이 땅을 통치하게 될 시간, 즉 요한계시록 20장 1-7절에 근거한 문자 그대로의 실제적인 천 년간의 통치라고 믿는다. 또 어떤 사람은 믿는 자들이 영원을 보내게 될 천국의 영역과 관련이 있다고 생각한다. 또 다른 사람은 이러한 견해를 다 결합한 것으로 하나님나라를 이해한다. 하나님나라에 대한 기독교인들의 이해가 제아무리 상이해도, 정말 중요한 것은 (현재와 미래에서 모두) 예수님을 우리 삶의 왕이자 마음의 통치자로 높이는 것이다.

천국(하나님나라)이 실재하기에, 성경은 예수님을 따르는 자들에게 이 세상에 속하지 않은 것처럼 살 것을 권고한다(요일 2:15-16). 우리는 지나가는 세상의 것을 사랑해서는 안 된다(요일 2:17). 성경은 우리의 시민권은 하늘에 있으며(빌 3:20), 예수님이 우리를 위해 진짜 집을 예비하신다고 상기시킨다(요 14:1-4; 히 11:8-10).

"이 사람들은 다 믿음을 따라 죽었으며 약속을 받지 못하였으되 그것들을 멀리서 보고 환영하며 또 땅에서는 외국인과 나그네임을 증언하였으니 그들이 이같이 말하는 것은 자기들이 본향 찾는 자임을 나타냄이라 그들이 나온바 본향을 생각하였더라면 돌아갈 기회가 있었으려니와 그들이 이제는 더 나은 본향을 사모하니 곧 하늘에 있는 것이라 이러므로 하나님이 그들의 하나님이라 일컬음 받으심을 부끄러워하지 아니하시고 그들을 위하여 한 성을 예비하셨느니라" _ 히 11: 13-16

부활의 약속

성경을 읽으면 읽을수록 부활(죽은 자들이 다시 살아나는 것)에 대한 구절을 더 많이 보게 될 것이다. 부활은 단순히 영적인 경험이나 은유적인 표현이 아니라 물리적인 실재다. 성경에 나오는 부활은 언제나 진짜 생명이 돌아오는 것, 살과 피가 있는 몸으로 살아나는 것을 포함한다. 성경을 읽다 보면, 성경이 부활에 대해 말하는 세 가지 중요한 방식을 알게 된다.

1. **죽었다가 기적적으로 다시 살아난 사람들에 대해 말한다.** 예를 들면, 구약에서 하나님은 선지자 엘리야와 엘리사를 통해 죽은 소년 두 명을 살리신다(왕상 17:22; 왕하 4:32-37). 예수님은 베다니의 묘지에서 장사된 지 4일이 지난 나사로를 무덤 밖으로 불러내신다(요 11:1-44).

2. **무덤 밖으로 나오신 예수님을 언급한다.** 예수님은 첫 부활절 아침에 문자 그대로 실제로 무덤 밖으로 나오셨다(마 28:1-10; 막 16:1-8; 눅 24:1-49; 요 20:1-23).

3. **마지막 날 모든 인간이 부활할 것을 말한다.** 요한복음 5장 28-29절에서, 예수님은 모든 죽은 자들이 의인은 영원한 생명으로 악인은 영원한 심판으로 부활할 것이라고 말씀하신다. (선한 일을 행한 자는 생명의 부활로 악한 일을 행한 자는 심판의 부활로, 모든 죽은 자가 부활하여 일어날 거라고 말씀하신다.) 사도 바울은 이 개념을 다시 말한다. "곧 의인과 악인의 부활이 있으리라" (행 24:15).

많은 사람이 미래에 얻게 될 생명은 천상의 것으로서 귀신이나 천사 같은 비물질적인 존재일 거라고 생각한다. 그러나 성경은 영광스럽게도 미래를 견고하고 물질적인 것으로 묘사한다.

"그러나 이제 그리스도께서 죽은 자 가운데서 다시 살아나사 잠자는 자들의 첫 열매가 되셨도다 사망이 한 사람으로 말미암았으니 죽은 자의 부활도 한 사람으로 말미암는도다 아담 안에서 모든 사람이 죽은 것 같이 그리스도 안에서 모든 사람이 삶을 얻으리라 그러나 각각 자기 차례대로 되리니 먼저는 첫 열매인 그리스도요 다음에는 그가 강림하실 때에 그리스도에게 속한 자요" _고전 15:20-23

부활한 인간의 원형이신 예수님은 우리의 부활한 몸이 물리적이면서 영원할 거라는 긍정적인 증거다. 부활하신 예수님의 몸처럼 우리의 부활한 몸도 볼 수 있고 만질 수 있는(요 20:20-27), 신령한 몸으로 다시 살아날 것이다(고전 15:44).

심판의 확실성

하나님은 성경 전체에서 자신의 다양한 역할을 말씀하신다.

- 창조자(사 40:28)
- 조물주(시 95:6)
- 주(시 39:7)
- 왕(시 47:6-7)
- 돕는 자(히 13:6)
- 구원자(사 43:3)
- 아버지(롬 1:7)
- 심판자(창 18:25; 시 94:2; 96:13; 98:9; 롬 2:16)

많은 사람이 심판자 하나님은 별로 생각하고 싶어하지 않는다. 그러나 성경은 몇 번이고 이 사실을 반복한다. 결정적으로 성경은 심판을 말하면서, 창조주가 하늘 법정에서 재판을 열게 될 미래의 날을 언급한다. 모든 부활한 자(지금까지 살았던 모든 사람)가 소환될 것이다.

성경은 종말에 모든 사람이 주님과 마주할 거라고 말한다. 이것을 심판의 날이라 부르든, 결산의 날이라 부르든, 회계의 날이라 부르든, 삶을 돌아보는 날이라 부르든, 아니면 다른 어떤 이름으로 부르든 중요한 사실은 우리 모두 하나님과 만날 약속이 잡혀 있다는 것이다.

성경은 이 날을 분명히 경고한다.

- "우리가 다 하나님의 심판대 앞에 서리라"(롬 14:10)
- "우리가 다 반드시 그리스도의 심판대 앞에 나타나게 되어 각각 선악간에 그 몸으로 행한 것을 따라 받으려 함이라"(고후 5:10)
- "또 내가 크고 흰 보좌와 그 위에 앉으신 이를 보니 땅과 하늘이 그 앞에서 피하여 간 데 없더라 또 내가 보니 죽은 자들이 큰 자나 작은 자나 그 보좌 앞에 서 있는데 책들이 펴 있고 또 다른 책이 펴졌으니 곧 생명책이라 죽은 자들이 자기 행위를 따라 책들에 기록된 대로 심판을 받으니 바다가 그 가운데에서 죽은 자들을 내주고 또 사망과 음부도 그 가운데에서 죽은 자들을 내주매 각 사람이 자기의 행위대로 심판을 받고 사망과 음부도 불못에 던져지니 이것은 둘째 사망 곧 불못이라 누구든지 생명책에 기록되지 못한 자는 불못에 던져지더

라"(계 20:11-15)

그 누구도 이 심판의 때가 어떤 모습일지 정확히 알지 못한다. 그러나 우리가 확실히 아는 한 가지는 믿는 자와 믿지 않는 자의 심판은 크게 다르다는 것이다.

믿지 않는 자에게는 어떤 심판이 임할까? 예수님을 무시한 (그리고 예수님의 희생을 무시한) 사람들도 결과적으로는 그들이 얼마나 하나님의 거룩한 기준에 맞게 살았는지로 심판받을 것이다. 완전한 하나님의 거룩한 기준에 미치지 못하는 사람은 누구든 하나님과 영원히 분리되는 끔찍한 형벌을 경험할 것이다(롬 3:23; 계 20:11-15).

믿는 자의 심판은 어떤 모습일까? 예수님이 자기를 따르는 자들의 죄에 대한 하나님의 심판을 이미 받으셨기에, 그리스도를 자신의 구세주(그리고 대속자)로 믿는 사람은 이미 자신의 죄를 심판받았다. 즉, 예수님의 십자가 죽음으로 죄의 대가가 지불되고 죄가 없어졌다(요일 2:2). 그분은 우리의 죄를 친히 담당하셨고, 우리가 받아야 할 벌을 달게 받으셨다(벧전 2:24). 그리고 그 대가로 그리스도는 믿는 자들에게 자기의 의를 주셨다(고후 5:21). 완전히 용서받아 영생을 소유한 기독교인은, 이제 자신의 궁극적인 운명에 대해 궁금해하지 않으며, 형벌에 대해 두려워하지 않는 하나님의 자녀다(요 1:12; 5:24). 기독교인은 기쁨에 차서 이렇게 말할 수 있다.

"우리로 심판 날에 담대함을 가지게 하려 함이니 주께서 그러하심과 같이 우리도 이 세상에서 그러하니라"(요일 4:17)

이 말은 믿는 자들에게, 심판은 어디서 영원을 보내게 될지의 문제가 아니라는 의미다. 이 땅에서 얼마나 신실하게 그리스도를 섬겼는지에 대한 평가일 것이다(고후 5:10). 신약의 몇몇 구절이 영원한 보상에 대해 말하는데, 이 세상의 순종이 장차 올 삶의 보상받을 기회에 어떻게든 영향을 미칠 것을 암시한다(마 5:12; 막 9:41; 딤후 4:8; 계 22:21).

천국과 지옥의 실재

구약에서 천국은 하나님이 거하시는 곳이며, 그분의 보좌가 있는 곳으로 묘사된다(신 26:15; 왕상 8:39; 시 11:4; 사 66:1). 신약에서는 다음과 같은 곳으로 묘사한다.

- 기독교인이 상을 받는 곳(마 5:12)
- 기독교인이 영원한 안전을 발견하는 곳(마 6:20)
- 큰 기쁨이 있는 곳(눅 15:7)
- "거할 곳"이 많은 곳(요 14:2)
- 하나님의 모든 피조물이 하나님의 보좌 앞에서 마음껏 하나님을 예배하는 곳(계 5:13)
- 하나님이 거룩한 도성에서 그분의 백성과 함께 사는 곳, 하늘에서 내려온 아름다운 새 예루살렘(계 21:2-3)

아마도 영원을 가장 잘 묘사한 구절은 사도 요한이 "새 하늘과 새 땅"을 보고 기록한 요한계시록 21장 1절일 것이다. 요한이 '새로움'을 나타내기 위해 사용한 그리스어는 '더 우수한' 혹은 '더 질이 좋은'이라는 의미를 갖는다. 완전히 다른 영역이거나 지옥 같은 곳에 머물게 되는 것이 아니다. 천국은 하나님이 본래 창조하신 이 세계일 것인데, 단지 회복되어 처음 상태보다 더 좋아지는 것이다. 요한의 말을 들어보면, 천국이 이 땅이고 이 땅이 천국이 될 것임을 알 수 있다.

성경이 천국에 대해 말하는 바가 아닌 것

- ❖ 천국은 하늘이나 구름 사이에 있다.
- ❖ 모든 사람은 죽은 뒤에 천국에 간다.
- ❖ 이 땅에서 선하게 산 사람은 천국에서 천사가 된다.
- ❖ 천국에서는 모두 둘러앉아 영원히 노래하거나 악기를 연주할 것이다.
- ❖ 천국에 거주하는 사람들은 육체가 없는 유령 같은 영이다.

사도 요한은, 천국은 죽음과 슬픔과 애통과 고통이 없는 곳이라고 말한다.

"모든 눈물을 그 눈에서 닦아 주시니
다시는 사망이 없고 애통하는 것이나
곡하는 것이나 아픈 것이 다시 있지 아니하리니
처음 것들이 다 지나갔음이러라"

계 21:4

우리는 영광스럽게 변한 육신으로 새 땅에 살게 될 것이다. 육신 없는 유령 같은 존재가 아닐 것이다. 신비에 싸여 있지만 실제 미래가 우리를 기다리고 있다.

성경에 따르면, 천국과 반대되는 '지옥'이라는 장소가 있다. 많은 사람이 지옥에 대해 생각하거나 말하는 것을 원하지 않지만, 성경에서는 자주 다루는 주제다. 게다가 예수님은 지옥에 대해 광범위하게 말씀하신다. 지옥은 문자 그대로 하나님과 분리된 장소라고 성경은 말한다(살후 1:9). 지옥은 견딜 수 없는 고통을 당하는 곳이라고 예수님은 말씀하신다(마 13:42; 49-50; 24:51; 25:30). 지옥에는 소망이 없다(눅 16:19-31). 빛도 없고(마 22:13), 쉼도 없다(계 14:11). 만화에서는 종종 지옥을 성대한 파티로 묘사하지만, 성경은 그곳이 절망적으로 외롭고 동지애라고는 찾아볼 수 없는 곳이라고 말한다(눅 16:22-23). 예수님은 지옥을 설명하면서 '영원한'이라는 형용사를 사용하셨다(마 18:8; 25:41, 46).

모든 성경 독자들이 지옥에 대해 기억해야 할 두 가지가 있다.

1. 하나님은 누구도 그곳에서 삶을 마감하기를 원하지 않으신다

구약에 "나의 삶을 두고 맹세하노니 나는 악인이 죽는 것을 기뻐하지 아니하고 악인이 그의 길에서 돌이켜 떠나 사는 것을 기뻐하노라 … 돌이키고 돌이키라 너희 악한 길에서 떠나라"(겔 33:11)는 말씀이 나온다. 신약에도 이 같은 구절이 반복된다. "하나님은 모든 사람이 구원을 받으며 진리를 아는 데에 이르기를 원하시느니라"(딤전 2:4). "[하나님은] 아무도 멸망하지 아니하고 다 회개하기에 이르기를 원하시느니라"(벧후 3:9).

지옥의 불꽃

악인이 미래에 받을 형벌에 관해 말씀하시면서, 예수님은 종종 그리스어 '게헨나'('지옥'을 의미)를 사용하셨다(마 5:22, 29-30; 10:28; 18:8-9; 막 9:43-47; 눅 12:5). 이것은 예루살렘에 인접한 계곡인 힌놈 골짜기를 일컫는 말이었는데, 그곳은 고대 이교 제사를 드리던 곳으로 '자녀를 불살라' 인신제사를 지냈던 곳이다(렘 7:31; 왕하 23:10; 대하 28:3).

지옥은 실제로 불타는 곳일까? 지옥을 불타는 곳으로 묘사한 성경구절을 문자 그대로 해석해야 할지에 대해서는 의견이 분분하다. 그러나 '불'이라는 이미지는 하나님의 은혜를 거부한 자에게 영원이 어떠할지 시각적으로 보여주기에 충분하다.

2. 하나님은 모든 사람이 지옥을 피하도록 대비해 놓으셨다

하나님은 아들 예수님을 보내 우리 죄를 위해 죽게 하시고 우리 대신 심판받게 하시면서, 우리를 향한 위대한 사랑을 보여주셨다(요 3:16; 요일 4:10). 우리 빚이 갚아졌다. 우리는 사면되었다. 그러나 사면된 것을 받아들이지 않으면 아무런 효과가 없다.

조지 윌슨의 기묘한 이야기

1829년 12월, 조지 윌슨과 제임스 포터라는 두 남자는 펜실베이니아에서 미국 정부의 우편물 수송차를 강탈했다. 두 사람 모두 '우편물을 강탈하고 운전자의 생명을 위험에 빠뜨린 것'을 포함한 여섯 가지 혐의로 체포되어 재판을 받고 유죄 판결을 받았다. 그 다음 해 5월, 두 사람은 교수형을 선고받았다. 그 사건에서 죽은 사람이 없었기에, 오늘날의 기준으로 보면 처벌이 몹시 가혹해 보인다. 그럼에도 법원은 사형을 선고했다.

포터는 예정대로 처형되었다. 그러나 윌슨은 아니었다. 사형이 집행되기 바로 직전, 윌슨의 영향력 있는 많은 친구가 당시 대통령이던 앤드류 잭슨에게 자비를 베풀어달라고 간청했다. 아니나 다를까, 잭슨 대통령은 사형선고를 받은 혐의에 대해 대통령 사면권을 행사했다. 이로써 윌슨은 다른 혐의로 선고된 20년만 복역하면 되었다. 그러나 믿을 수 없게도 윌슨이 이 사면을 거절했다!

공식 보도에 따르면, 윌슨은 이 사면권을 '행사'하려는 검사들에 의해 다시 법정에 서게 되었다. 그런데 윌슨은 그 사면을 거절하고 묵비권을 행사했다. 윌슨 사건은 대법원으로 넘어갔다. 변호사는 다음과 같이 변론했다. "법원은 피고가 자기에게 주어진 혜택을 받겠다고 주장하지 않는 한, 그 사면이라는 혜택을 그에게 강제로 부여할 수 없습니다. 그 사면은 피고의 소유이기에 그가 받을 수도 있고 받지 않을 수도 있습니다."(미국 정부와 조지 윌슨 간의 소송. 미국 대법원 판례집 32권 150쪽).

납득이 되지는 않지만, 윌슨은 사면을 받을 수 있음에도 사형집행을 선택했다.

그리스도 안에서 하나님은 죄인을 용서해 주신다. 아직 그리스도를 믿지 않는다면 지금 당장 믿기 바란다. 어떻게 믿을까? 어떤 공식이나 마법 같은 기도는 없다. 그리스도를 보내주신 하나님께 그저 감사하면 된다. 자신이 죄인임을 인정하고 하나님께 저항했던 모든 것을 고백하라. 당신은 용서받아야 하고 새로운 삶(실재하는 영원한 삶)을 갈망하고 있음을 인정하라. 그리스도께서 당신을 위해 죽으셨음을 믿고, 그분의 희생이 당신에게 중요하다는 것을 믿는다고 하나님께 말씀드리라. 하나님이 주시는 죄 사함과 값없이 주시는 구원을 원한다고 말씀드리라(엡 2:8-9).

"하나님이 세상을 이처럼 사랑하사 독생자를 주셨으니 이는 그를 믿는 자마다 멸망하지 않고 영생을 얻게 하려 하심이라" _ 요 3:16

현명한 사람에게는 앞을 내다보고 위험이나 기회를 분별해 적절히 조절하는 능력이 있다. 재정을 이런 식으로 관리하는 사람은 머지않아 산속에 있는 멋진 집을 갖게 될 것이다. 그러나 영적인 영역에서 이렇게 관리하는 사람(성경이 다가올 일에 관해 말하는 것을 주의 깊게 듣고 겸손과 믿음으로 반응하는 사람)은 영원한 기쁨을 누릴 것이다.

"자녀들아 이제 그의 안에 거하라 이는 주께서 나타내신바 되면 그가 강림하실 때에 우리로 담대함을 얻어 그 앞에서 부끄럽지 않게 하려 함이라" _요일 2:28

그리스도께서 재림하실 날이 곧 온다고 성경은 분명히 말한다. 이러한 확실한 미래에 비추어 오늘을 살아가자.

"심령이 가난한 자는 복이 있나니 천국이 그들의 것임이요 …
의를 위하여 박해를 받은 자는 복이 있나니 천국이 그들의 것임이라"

_ 마 5:3, 10

SELF-GUIDED TOUR OF THE BIBLE

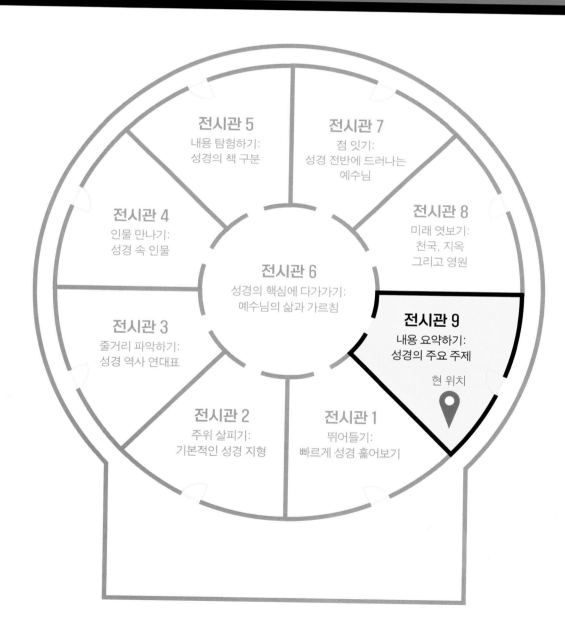

전시관 5
내용 탐험하기:
성경의 책 구분

전시관 7
점 잇기:
성경 전반에 드러나는
예수님

전시관 4
인물 만나기:
성경 속 인물

전시관 8
미래 엿보기:
천국, 지옥
그리고 영원

전시관 6
성경의 핵심에 다가가기:
예수님의 삶과 가르침

전시관 9
내용 요약하기:
성경의 주요 주제

현 위치

전시관 3
줄거리 파악하기:
성경 역사 연대표

전시관 2
주위 살피기:
기본적인 성경 지형

전시관 1
뛰어들기:
빠르게 성경 훑어보기

성경을 줄이고 줄이면, 정말 얼마 안 되는 몇 가지 커다란 주제로 좁혀진다고 성경학자들은 말한다. 이런 몇 가지 주제 때문에 천 장이 넘는 66권의 책이 필요한지 의문이 들 정도다. 그런데 간단히 대답하면 필요하다! 하나님은 모든 성경의 위대한 이야기와 인물을 통해 몇 가지 주제를 반복하신다. 이렇게 반복하는 것이 중요한 몇 가지 이유가 있다. 첫째, 인간은 잘 듣지 못하기 때문이다. 둘째, 인간은 잘 잊어버리기 때문이다.

이번 장에서는 성경 전체에 스며들어 있는 여덟 가지 중심생각을 걸러내 (철저히 연구하는 것이 아니라) 소개하려 한다. 또 각 주제가 왜 중요한지 대략적으로 보여주고 몇 가지 성경구절을 예로 들어보겠다. 그리고 예수님이 각 주제와 어떻게 연결되는지 보여줄 것이다. 그리스도는 성경의 중심이기에, 이 크고 포괄적인 생각은 모두 그분 안에서 근거와 의미를 발견하게 됨을 기억하라. 여기 우리가 간략하게 살펴볼 여덟 가지 주제가 있다.

1. **하나님은 존재하신다.** (하나님의 실재)
2. **하나님은 경이로우시다.** (하나님의 영광)
3. **사람들은 망가졌다.** (인간의 죄성)
4. **하나님이 그리스도 안에서 우리를 구원하신다.** (구원의 경이로움)
5. **우리는 믿음으로 산다.** (믿음으로의 부르심)
6. **이 세상이 전부가 아니다.** (천국의 실재)
7. **삶은 단체경기다.** (공동체의 필요성)
8. **모든 것이 잘 될 것이다.** (부활의 약속)

하나님은 존재하신다

성경에 스며 있는 한 가지 중요한 주제는 '하나님의 실재'다. 성경은 하나님으로 시작한다. 아무것도 없을 때 하나님은 계셨다 "태초에 하나님이…"(창 1:1). 성경의 첫 절에 하나님이 창조주이심이 드러난다. 성경 맨 마지막으로 가보면, 천국과 영원에 대한 사도 요한의 환상이 기록된 요한계시록에, 하나님은 왕이시고 주이시며 이 땅의 심판자이심이 드러난다(계 15:3; 20:12-13). 창세기와 요한계시록 사이에 '하나님'과 '주'라는 단어가 수천 번 등장한다. 처음부터 끝까지 하나님의 실재는 성경의 가장 중요한 사상이다.

구약에서 하나님은 종종 눈에 보이지 않거나 불과 연기라는 극적인 현상 뒤에 숨어 있는 분으로 인식된다(출 19:18). 하나님의 힘과 지혜와 거룩함으로 인해 사람들은 그분의 임재 앞에서 두려움과 경외감으로 떨게 된다(출 20:18; 시 96:9; 119:120; 잠 28:14). 그러나 하나님을 가까이한 사람들은 지극히 개인적인 방법으로 하나님과 하나님의 사랑을 경험한다. 이를테면 아담과 하와는 에덴동산에서 하나님과 시간을 보낸다. 그러나 하나님께 불순종하는 운명적인 선택을 한 후, 그들은 하나님 앞에서 몸을 숨기려 한다(창 3:8). 성경은 아브라함을 하나님의 '벗'(친구)이라고 말한다(대하 20:7; 사 41:8; 약2:23). 모세는 하나님의 임재와 사랑과 우정을 직접 경험한 좋은 예다(출 34:5-6). 하나님은 사람이 자기의 친구와 이야기하는 것처럼 모세와 대면하여 말씀하셨다(출 33:11).

신약에서 우리는 하나님의 아들인 예수님을 만난다. 목수에서 선생이 된 나사렛 출신 목수는 거듭해서 자신이 하나님이라 주장하지만, 그는 눈에 보였고 다가갈 수 있었다(요 8:56-59; 10:30-33). 예수님은 눈으로 보고 듣고 만질 수 있도록 가까이 오셨다(요일 1:1-3).

예수님이 죽으시고 장사되시고 부활하시고 천국으로 돌아가신 후, 예수님은 성령님을 보내 자신을 따르는 자들의 영과 마음 가운데 살게 하셨다(행 2장). 얼마나 놀라운 일인가! 생각해 보라. 신약의 복음은 하나님이 우리 가운데 계심을 보여준다(요 1:14). 예수님(임마누엘)은 "하나님이 우리와 함께 계시다"였다(마 1:23). 신약의 사도행전은 우리 가운데 성령님이 계심을 보여준다.

이 주제가 왜 중요한가

성경이 사실이라면(물론 우리는 그렇다고 믿는다), 하나님은 존재신다. 하나님은 살아계신다. 우리는 이 우주에 혼자가 아니다. 세계와 인류는 긴 시간과 우연과 무(nothing)의 결과로 우연히 생겨난 것이 아니다. 우리는 계획적으로 만들어졌다. 우리는 목적 있게 만들어졌다. 세계는 임의적이지 않으며 어딘가로 가고 있다. 우리는 의미와 중요성을 갖고 있다.

삼위일체

성경은 하나님이 구별된 세 위격(성부, 성자, 성령)으로 영원히 존재하심을 보여준다. 신비한 것은, 우리는 한 분 하나님(여러 신이 아닌)을 예배하지만, 그 세 위격이 각각 완전히 하나님(하나님의 한 부분이나 일부가 아닌)이라는 것이다. 하나님의 유일하심은 신명기 6장 4절에 명시되어 있다. "우리 하나님 여호와는 오직 유일한 여호와이시니" 하나님의 '삼위성'은 다음 구절에서 볼 수 있다.

- 마태복음 3장 16-17절: 예수님이 세례받으실 때 아버지가 말씀하시고 성령이 내려오신다.
- 요한복음 14장 16절: 예수님이 아버지께 성령님을 보내달라고 간구하신다.
- 마태복음 28장 18-20절: 예수님은 새로 믿게 된 자들에게 "아버지와 아들과 성령의 이름으로" 세례를 베풀라고 말씀하신다.
- 고린도후서 13장 13절: 예수님의 은혜와 하나님의 사랑과 성령의 교통하심이 언급된 기도와 축도다.

성경은 '삼위일체'(Trinity)라는 단어를 사용하지는 않는다. 그러나 성경에서 만나는 세 분이면서 한 분인 하나님을 설명하는 데 도움이 되는 단어다.

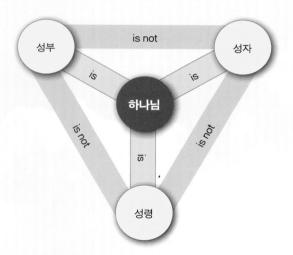

이 도표는 어떻게 한 분 하나님이 계시고, 하나님의 세 위격이 구별되는지에 대해 성경이 말하는 것을 보여준다. 예를 들면, 성자는 하나님이지만 성령이 아니며 성부도 아니다.

하나님은 경이로우시다

관찰력 있는 성경 독자라면 성경을 읽으면서 두 번째 중요한 주제를 알아챘을 것이다. 바로 '하나님의 영광'이다. 다른 말로 하면 하나님의 경이로움(awesomeness)이다.

사람들은 경이롭다는 말을 너무 가볍게 사용한다. "그 경기 정말 굉장했어(awesome)!" "그 샌드위치는 끝내줬어(awesome)!" 그러나 엄밀히 말해 그 단어(awesome)에는 우리 미각을 즐겁게 한다는 것보다 훨씬 더 많은 의미가 있다. 경이롭다는 것은 말문이 막힐 정도로 놀라움을 의미한다. 거룩한 두려움으로 숨이 막힐 정도일 때 사용한다. 진정한 경이로움 앞에 서면, 땅에 엎드려 떨며 미동도 하지 못한 채 한 마디도 못하게 된다.

수백 개의 성경구절이 하나님의 경이로움을 그분의 영광으로 묘사한다. 히브리어(구약 대부분에 사용된 언어)에서 '영광'이라는 단어에는 '무게가 있다' 또는 '엄중하다'는 의미가 있다. 하나님은 하찮은 분이 아니다. 인생 저편에 숨어 계시지 않고, 사람과 사건을 대수

거룩함

밧모 섬에 유배된 사도 요한은, 네 생물이 천국에 있는 하나님의 보좌를 둘러싼 채 "거룩하다 거룩하다 거룩하다 주 하나님 곧 전능하신 이여"(계 4:1-8)라고 외치는 이상한 환상을 본다. 구약의 이사야 선지자도 이와 비슷한 환상을 보았다(사 6:1-7). 거룩함은 하나님의 또 다른 위대한 성품이다. 거룩은 '결함 없는 완전함'을 의미한다. 또 하나님이 모든 죄와 악에서 완전히 분리되어 있음을 의미한다. 하나님은 유일하게 거룩하신 분이다. 그분과 같은 이는 아무도 없다.

롭지 않게 여기면서 쉬는 분이 아니다. 하나님의 존귀가 우주에 가득하고, 하나님의 위엄은 모든 것의 중심이다. 두꺼운 담요처럼 세상을 덮는 신성한 아름다움이 있다. 우리가 그것을 느끼지 못하고 절대 인정하지 않을지라도 그렇다.

질문: 하나님은 구체적으로 어떤 면에서 경이로우신가?

답: 이루 다 말할 수가 없다. 그러나 잠시 시간을 내어, 성경이 우리의 경이로우신 하나님에 대해 드러내는 일곱 개의 '엄중하고' 숨을 멎게 만드는 진리를 살펴보자.

1. **하나님은 무한하시다.** 하나님은 끝이나 한계가 없으시다(왕상 8:27; 시 145:3).

2. **하나님은 영원하시다.** 하나님은 시간 밖에 계시며 시간에 구애받지 않으신다(창 21:33; 시 90:2).

3. **하나님은 전지하시다.** 하나님은 모든 것(실재하는 것과 가능한 것 둘 다)을 보고 아신다(시 139:1-4; 147:4-5; 히 4:13; 요일 3:20).

4. **하나님은 전능하시다.** 전능하신 이에게 너무 어려운 것이란 없다(욥 42:2; 렘 32:17; 마 19:26).

5. **하나님은 무소부재하시다.** 하나님이 계시지 않은 곳은 없다(시 139:7-12; 렘 23:23-24).

6. **하나님은 최고의 통치자시다.** 하나님은 자신의 영광과 자신이 사랑하는 피조물의 유익을 위해 모든 것을 주권적으로 통치하고 조화롭게 하신다(엡 1:4-14, 21).

7. **하나님은 불변하시다.** 하나님은 변하거나 바뀌지 않으신다. 믿을 만하며 한결같으시다(시 102:27; 말 3:6; 약 1:17).

이 주제가 왜 중요한가

성경은 하나님이 영화로운 분임을 끊임없이 보여줌으로써, 우리가 관심을 집중하고 헌신할 만한 분임을 분명히 한다. 하나님은 경이로운 분이어서 우리가 드리는 모든 영광을 받기에 합당하시다. 우리는 하나님을 높이며 살아야 한다. 하나님을 중심으로 우리 삶을 정돈해야 한다.

이것이 진실한 예배다. 'worship'(예배)이라는 단어는 가치 있는 상태를 나타낸다. 예배는 그저 교회 예배나 종교적인 노래를 부르는 것이 아니다. 물론 그것도 포함하지만 그보다 훨씬 더 큰 의미다. 예배는 하루 24시간, 1주 7일을 무엇을 가치 있게 여기며 사는지에 대한 것이다. 사람들은 돈, 명예, 권력, 미모 등 모든 종류를 예배한다. 그러나 오직 하나님만이 진정한 지존자이기에, 우리는 그런 하찮은 것들이 아닌 하나님을 예배해야 한다.

사람들은 망가졌다

성경을 보면서 절대 놓칠 수 없는 세 번째 큰 주제는 '인간의 죄성'이다. 성경은 창세기에서 창조의 모습을 그린 후, 첫 남자와 여자가 에덴동산에서 목가적인 삶을 즐기는 모습을 간단히 보여주며 시작한다. 그들은 (바로 앞에서도 보았듯 매우 경이로우신) 하나님께 매우 가까이 갈 수 있었다. 상상할 수 없는 자유가 있었다. 말 그대로 '인생은 아름다워라!'였다.

그러나 이 모든 축복에도 불구하고, 인류 첫 부부는 정말 이해할 수 없게도 유혹하는 자의 말을 듣고 하나님이 주신 한 가지 규제를 어긴다. 그들이 금지된 열매를 먹은 것은 단순한 실수나 실책, 사고가 아니다. 그것은 명백한 반역 행위다.

아담과 하와의 죄는 죄책감, 두려움, 수치, 하나님과 분리, 죽음 같은 엄청난 재앙을 가져왔다. 강제로 에덴동산을 떠나게 된 그들은 매일 창조주를 거역한 자신들의 반역을 떠올리며 살아간다. 그리고 그 죄 때문에 그들의 자녀[그리고 자녀들의 자녀와 그 이후로 태어난 모든 인간(예수 그리스도는 제외)]가 하나님을 거역한 그들의 반역에 대한 결과를 감수하게 된다. 이 유전된 반역성을 우리의 '죄된 본성'이라 부른다.

성경의 나머지 부분은 아담과 하와의 자손인 우리가 어떻게 그들과 '판박이'인지 생생하게 보여준다.

- 세상에 가장 처음 태어난 가인은 결국 두 번째로 태어난 동생 아벨을 죽인다(창 4:8).
- 그 후 얼마 되지 않아 성경은 말한다. "그의 마음으로 생각하는 모든 계획이 항상 악할 뿐임을 보시고"(창 6:5). 하나님은 이러한 악함을 심판하려고 홍수를 보내신다. 오직 한 가족(노아의 가족)만이 살아남는다. 그런데 결국 그들이 홍수 이후의 세상에 죄를 가져온다!
- 하나님은 극적인 기적으로 이스라엘을 애굽에서 구원하시나, 몇 주 후 이스라엘은 금으로 송아지 모양의 우상을 만들고 거기에 절한다(출 32장).
- 사사 시대의 영적 기후는 어떠한가? 하나님을 극진히 사랑했을까? 하나님의 뜻을 따르고자 했을까? 아니다. 전 국가적으로 위법이 판쳤다. 사람마다 자기 소견에 옳은 대로 행했다(삿 17:6).
- 성경은 여기서 아무도 예외가 아니라고 분명히 말한다. 모든 사람이 죄를 짓고 망가졌다. "그의(하나님의) 마음에 맞는 사람"(삼상 13:14)이라고 묘사된 위대한 왕 다윗조차도 간음과 살인죄를 저지른다(삼하 11장).

● 신약에서도 상황은 같다. 예수님이 안식일에 큰 긍휼로 기적을 행하시며 유대 전통을 거부하자, 종교지도자들은 예수님을 죽일 계획을 세운다(막 3:1-6). 로마 군인들은 예수님을 때리고 조롱하고 침 뱉으며 즐거워한다(막 15:19). 사람들은 "자기를 사랑"하는 자들이다(딤후 3:2). 사도 바울이 이렇게 기록한 것은 전혀 놀랄 일이 아니다. "모든 사람이 죄를 범하였으매 하나님의 영광에 이르지 못하더니"(롬 3:23).

| 죄 | 죄를 짓는다는 것은 하나님께 불순종하고 잘못을 저지르거나, 하나님이 우리에게 기대하는 바에 미치지 못하는 것을 의미한다. 하나님 아닌 다른 것을 선택할 때 우리는 죄를 짓는다. 그리고 그 불순종이 우리와 하나님 사이를 갈라놓는다. 죄를 짓지 않으려고 발버둥치며 노력해도 우리는 죄를 짓는다. 어쩔 수 없다. 모든 사람은 아담과 하와에게서 죄 된 본성을 물려받았다. 우리가 죄가 없다고 말하면, 우리는 스스로 속이는 것이라고 성경은 말한다(요일 1:8). |

이 주제가 왜 중요한가

우리는 영광스러운 하나님의 형상대로 지어졌지만 타락하고 말았다. 우리는 하나님의 본성을 드러내고 하나님과 관계 맺기 위해 창조되었다. 그런데 하나님이 우리 삶을 통치하시는 것을 싫어하며 저항했다. 한 마디로 우리는 엉망이 된 걸작품이고 영광스러운 낙오자다. 하나님의 형상을 한 피조물로서 우리는 놀라운 위엄을 갖고 있다. 그러나 죄가 그것을 오염시켰다. 첫 인간이 생명인 분에게서 멀어졌을 때, 인간 본성은 죽음을 경험했다. 아담과 하와가 온 우주에 의미를 주신 하나님과의 관계를 끊어버렸을 때, 모든 인간은 의미에 대한 감각을 잃어버렸다. 이 모든 것을 종합해 한 마디로 말하면, 우리는 괜찮지 않다. 우리는 심하게 망가졌다. 우리는 매우 곤란한 상황에 처해 있다. 우리는 그런 우리 자신을 구해낼 수 없다. 그러나 감사하게도 이 나쁜 소식을 상쇄하는 다른 엄청난 주제가 있다.

하나님이 그리스도 안에서 우리를 구원하신다

성경 이야기 중 떠오르는 또 다른 원대한 주제는 '구원의 경이로움'이다. 하나님은 끊임없이 우리가 길을 잃으면 우리를 찾으시고, 죄를 지으면 용서하시며, 망가지면 고치신다. 이것은 성경의 첫 장과 마지막 장까지 나타나 있다.

- 아담과 하와가 선악과를 삼키기도 전에, 하나님은 에덴동산에 오셔서 겁먹고 웅크리고 있는 피조물을 부르신다. "네가 어디에 있느냐"(창 3:9). 하나님은 죄지은 아담과 하와를 만나셨을 때도, 하와의 후손 중 하나가 뱀(세상에 그러한 악과 고통을 몰래 들여온 자)의 머리를 부수게 될 거라 말씀하신다(창 3:15).
- 얼마 후 노아가 하나님의 호의(즉 은혜, 창 6:8)를 받는다. 그 결과 그와 가족은 엄청난 홍수 가운데서 안전할 수 있었다.
- 출애굽기에서 하나님은 애굽에 묶여 있던 자기 백성을 건져내신다.
- 사사기에서 하나님은 또다시 이웃 나라의 손에 압제당하는 이스라엘 백성을 구원하신다.
- 시편에서 다윗은 하나님이 도우신 모든 방법과 때를 자주 언급한다.
- 요나서에서 하나님은 선지자 중 한 명에게, 니느웨(고대 앗시리아의 수도)로 가서 사람들에게 죄를 돌이키지 않으면 심판받을 것이라 외치라고 말씀하신다. 앗시리아 사람들은 하나님을 찾는 자들이 아니었다. 그들은 다른 신들에게 예배하고 이스라엘 백성을 멸망시키려고 혈안이 되어 있었다. 그런데 하나님은 미리 선지자를 보내 그들에게 경고하셨고, 그들은 회개하고 용서받는다.

이러한 각각의 사례에서 보면, 단기간의 육체적 구원은 하나님이 자기 백성에게 주기 원하시는 영원한 영적인 구원의 모형이다. 하나님은 긍휼이 풍성하시고 사랑이 많으셔서, 사람들을 쫓아다니며 그들의 반역으로 인한 결과에서 구원하고자 하신다(시 103:8-18; 욘 4:2). 그리고 이러한 추격은 신약에서도 계속된다.

● 신약의 복음서는 예수 그리스도를 하나님이 '보내신' 분으로 그린다(요 5:24). 예수님은 직접 말씀하셨다. "인자가 온 것은 잃어버린 자를 찾아 구원하려 함이니라"(눅 19:10). 예수님은 초대하신다. "내게로 오라"(마 11:28). 예수님은 유산을 남기셨다. "우리가 아직 죄인 되었을 때에 그리스도께서 우리를 위하여 죽으심으로 하나님께서 우리에 대한 자기의 사랑을 확증하셨느니라"(롬 5:8).
● 사도행전 9장에서 사울(사도 바울로 알려진)의 놀라운 이야기를 읽는다. 그는 새로운 예수운동을 전멸시키는 일에 전력투구했다. 기독교인들을 잡아 가두려고 작정하고는, 교회라 불리는 새로운 집단을 격렬하게 짓눌렀다. 그런데 다마스커스로 가는 길에 예수님이 그를 근본적으로 바꿔놓으신다(말 그대로 완전히 거꾸러뜨리신다). 그날 이후 바울은 땅끝까지 가서 사람들을 하나님께로 데려오는 사명을 받고 그리스도와 협력하게 된다.

하나님이 말 안 듣는 피조물을 설득하고 쫓아다니는 모습을 성경 전체가 보여준다. 복음서에서는 예수님이 메시지를 세상에 전하기 위해 다니시고, 설교하시고, 경고하시고, 초대하시고, 부르시고, 무리를 훈련시키시는 것을 보게 된다. 예수님은 마음 다해 사람들을 섬기시고, 고치시고, 받아들이신다(다른 사람에게 무시당하고 멸시받는 사회의 소수자도 포함해서). 결국 예수님은 고통당하시고, 죽임당하시고, 부활하시고, 다른 이들에게 가서 예수님을 전하라며 자신을 따르는 자들에게 "가라"고 명령하신다. 왜 구원이 주제일까? 왜 하나님은 하나님께 관심도 없는 사람들과 관계를 맺으려고 그렇게도 열심이실까? 하나님은 본래 그런 분이기 때문이다.

● **하나님은 사랑이시다.** 하나님은 항상 자기의 피조물을 위해 최고의 것을 찾으신다는 의미다(요 3:16; 요일 4:7-21).
● **하나님은 긍휼이 많으시다.** 사랑하는 자들이 곤경에 빠진 것을 볼 때 하나님의 마음이 움직인다는 의미다(시 103:2-4; 145:8; 마 9:36).
● **하나님은 자비로우시다.** 우리가 마땅히 받아야 할 형벌에서 하나님이 우리를 구해 주신다는 의미다(느 9:31; 눅 6:36).

- **하나님은 은혜로우시다.** 받을 자격이 없는 우리에게 하나님이 놀랍도록 좋은 것을 주신다는 의미다(시 116:5). 은혜는 받을 자격이 없는데 받는 특권이다(엡 2:8-9). 아마도 신약 최고의 은혜는 돌아온 탕자 이야기일 것이다(눅 15:11-32). 이 이야기를 읽고 하나님의 마음에 감동하지 않기란 어렵다.

- **하나님은 용서하신다.** 하나님이 우리 죄를 지워 없애주신다는 의미다(시 86:5; 엡 1:7). 그리스도 안에서, 하나님을 거역한 우리의 죄는 사함받고 씻김받는다. 우리가 그리스도를 믿고, 십자가에서 그분이 하신 일을 믿으면, 우리는 하나님과 함께 의롭게 된다. 예수님은 모든 믿는 자들의 죄를 담당하신다. 그 대가로 예수님을 겸손히 믿는 모든 사람에게 예수님의 완벽한 의를 주신다.

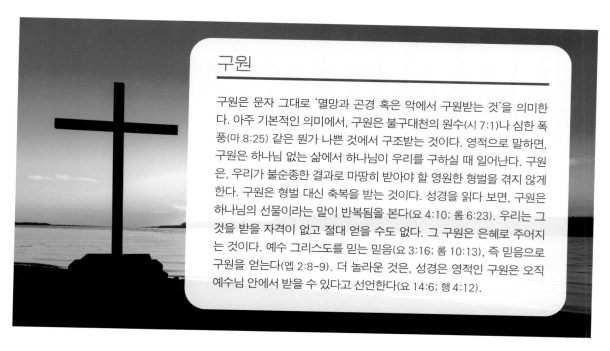

구원

구원은 문자 그대로 '멸망과 곤경 혹은 악에서 구원받는 것'을 의미한다. 아주 기본적인 의미에서, 구원은 불구대천의 원수(시 7:1)나 심한 폭풍(마 8:25) 같은 뭔가 나쁜 것에서 구조받는 것이다. 영적으로 말하면, 구원은 하나님 없는 삶에서 하나님이 우리를 구하실 때 일어난다. 구원은, 우리가 불순종한 결과로 마땅히 받아야 할 영원한 형벌을 겪지 않게 한다. 구원은 형벌 대신 축복을 받는 것이다. 성경을 읽다 보면, 구원은 하나님의 선물이라는 말이 반복됨을 본다(요 4:10; 롬 6:23). 우리는 그것을 받을 자격이 없고 절대 얻을 수도 없다. 그 구원은 은혜로 주어지는 것이다. 예수 그리스도를 믿는 믿음(요 3:16; 롬 10:13), 즉 믿음으로 구원을 얻는다(엡 2:8-9). 더 놀라운 것은, 성경은 영적인 구원은 오직 예수님 안에서 받을 수 있다고 선언한다(요 14:6; 행 4:12).

이 주제가 왜 중요한가

성경의 일관된 메시지는 죄인을 위한 하나님의 마음이다. 하나님은 거룩하시고, 죄는 하나님이 사랑하는 자들을 죽이기 때문에 하나님은 죄를 싫어하신다. 이 땅에 예수님이 오신 것이 하나님 사랑의 가장 확실한 증거다. 그리스도의 죽음은 우리의 죄 문제를 해결하고 우리를 그분께로 돌이키기 위해 하나님이 어디까지 하실 수 있는지를 보여준다. 하나님은 구원하기를 열망하실 뿐 아니라 구원하실 수 있다!

우리는 믿음으로 산다

성경의 다섯 번째 주요 주제(처음부터 끝까지 나타난다)는 '믿음으로의 부르심'이다. 하나님을 믿는다는 것은, 하나님을 완전히 신뢰하고 우리에게 요구하시는 일(그 이유가 이해되지 않을 때도)을 순종적으로 행하는 것을 의미한다. 성경에는 하나님이 사람들에게 좀처럼 평범하지 않은 일을 요구하시는 예가 많이 나온다. 그러나 그들은 하나님의 말씀을 신뢰하고, 믿음의 부르심에 순종하여 그에 대한 보상을 받는다.

- 노아는 하나님의 '이상한' 명령을 따라, 하나님이 미리 말씀하신 거대한 홍수를 대비해 방주를 만든다. 노아와 그 가족들만 대홍수 가운데서 살아남는다(창 6-9장).
- 아브라함은 하나님의 '기이한' 명령을 따라 가방을 꾸려 서쪽으로 가다가 남쪽으로 향한다(창 12장). 분명 많은 사람이 그 노인이 미쳤다고 생각했을 것이다. 그러나 하나님은 아브라함의 위대한 믿음을 칭찬하시며, 세상을 송두리째 바꿀 만한 복을 아끼지 않고 주신다(갈 3:6).
- 모세와 이스라엘 백성은 하나님의 '특이한' 명령을 따라 애굽 군대에 쫓겨 홍해를 향해 똑바로 걸어간다. 그들이 해안가에 도착했을 때, 하나님은 물을 통과해 갈 수 있도록 길을 열어주신다(출 14장).
- 여호수아와 이스라엘 군대는 하나님의 '말도 안 되는' 명령을 따라 여리고 성을 돌며 행진한 후 소리친다. 그리고 성벽은 무너진다(수 6장).

믿음의 중요성은 구약 전반에 걸쳐(이야기마다 책마다) 계속된다.

- 사울 왕의 증오에 찬 질투의 대상이자 왕을 섬기던 다윗은 자기의 믿음을 계속해서 하나님께 맡기고 응답받는다. 다윗의 믿음을 표현한 세 개의 시가 시편 27편과 56편 그리고 62편이다.
- 다윗의 아들 솔로몬은 자기의 최고의 지혜를 엮은 책에 이렇게 기록한다. "너는 마음을 다하여 여호와를 신뢰하고 네 명철을 의

믿음

많은 사람이 믿음을 영적 개념의 추상적인 집합체로 본다. 그러나 성경은 믿음을 단순히 하나님에 대한 개념의 집합체로 보지 않기에, 이렇게 생각하는 것은 문제가 있다. 이와 반대로 성경은 하나님에 대한 능동적인 신뢰를 믿음으로 그린다. 성경에서 믿음이란 삶의 불안정하고 알 수 없는 구간을 하나님과 함께 걷는 것이다. 믿음은 명사가 아니라 동사다. 이것은 담대한 믿음이며 하나님이 무엇이라고 말씀하시든 행하는 것이다.

지하지 말라 너는 범사에 그를 인정하라 그리하면 네 길을 지도하시리라"(잠 3:5-6). 그는 나중에 이같이 경고한다. "자기의 마음을 믿는 자는 미련한 자요"(잠 28:26).

- 다니엘 선지자는 메대 페르시아 왕의 사악한 명령을 받아들이는 대신, 왕이 그를 굶주린 사자 소굴에 던졌을 때 그를 지키시는 하나님을 믿었다(단 6장).

신약 또한 믿음의 중요성으로 가득 차 있다.

- 예수님은 복음서에서 우리가 믿어야 할 필요성을 거듭 말씀하신다(요 6:35). 예수님은 자기를 따르는 자들이 믿지 못할 때 꾸짖으셨다(마 14:31). 예수님은 외인들(outsiders)이 큰 믿음을 행한 것에 놀라신다(눅 7:9).
- 히브리서 기자는 담대한 태도로 하나님을 믿은 사람들에게 한 장 전체를 할애한다(히 11장).
- 야고보는 말만 하고 행함이 없으면 진정한 믿음이 아니라고 말한다(약 2:14-26).

이 주제가 왜 중요한가

믿음은 하나님이 우리를 어떻게 구원하셨는지에 대한 것이므로 중요하다(엡 2:8-9; 4장 참고). 하나님과 바른 관계가 되려면 하나님을 기쁘시게 하려고 노력할 것이 아니라, 하나님을 완벽히 기쁘시게 한 예수님을 믿어야 한다. 성경에 따르면, 우리에게 큰 믿음이 필요한 것이 아니다(눅 17:6). 작은 믿음만 있어도 된다. 믿음이 작으면 주께서 그것을 자라게 하실 수 있다(마 17:17-20; 눅 17:5). 믿음이 없이는 하나님을 기쁘시게 할 수 없다(히 11:6).

이 세상이 전부가 아니다

하나님 말씀에서 명백하게 드러나는 여섯 번째 주제는 '천국(하나님나라)의 실재'다. 우리가 살고 있는 이 물리적인 세상이 실재하는 전부가 아니다. 이 삶 이상의 것이 있다. 지금은 우리가 물리적으로 존재하지만, 눈에 보이지 않는 완전히 실재하는 영적인 차원의 삶이 있다.

성경 이곳저곳에는 하나님이 '휘장을 걷으시는' 순간들, 말하자면 인간의 이해와 경험을 넘어서는 영역을 드러내기 위해 하나님이 행하시는 일들이 나온다. 성경에 나오는 다음 사건을 생각해 보라.

- 창세기 28장에서, 야곱이 벧엘에서 꿈꿀 때 천사들이 천국의 계단을 오르락내리락하는 것을 본다. 우리는 이것이 잠자기 전 매운 음식을 너무 많이 먹어 헛것을 본 게 아니라는 것을, 야곱이 깨어 고백한 말씀을 통해 알 수 있다. "여호와께서 과연 여기 계시거늘 내가 알지 못하였도다"(16절).
- 출애굽기 24장에서 모세와 아론, 이스라엘의 장로들과 아론의 두 아들은 하나님의 영광이 머무는 산에 경배하기 위해 올라간다.
- 열왕기하 6장에서, 선지자 엘리사는 불안해하는 그의 종의 눈이 열려 영적인 실재를 보게 해달라고 기도한다. 그때 그 청년은 불말과 불병거가 그들을 둘러싼 것을 보게 된다(17절).

- 선지자 에스겔은 뭐라 형용할 수 없는 영원한 실재에 대한 환상을 계속해서 기록한다. 그는 각각 네 얼굴과 네 날개가 있고 바퀴를 가진 기이한 네 생물을 묘사한다(겔 1:4-24). 또 에스겔은 하나님이 말씀하실 때, 뼈가 서로 연결되며 살이 돋아나고 살아나는 환상을 본다(겔 37:1-14).
- 신약의 누가복음 2장에서는 목자 몇 명이 양떼를 지킬 때, 갑자기 밤하늘에서 수많은 천사 군대가 빛나는 것을 본다. 이 하늘의 사자들은 "구주 … 그리스도 주"(11절)의 탄생을 알린다. 하나님을 찬양한 뒤 천사들은 사라지고 하늘은 다시 어두워진다.
- 예수님은 사역을 시작하시며 "하나님의 나라"가 가까이 왔음을 알리신다(막 1:15). 이후 하나님의 나라는 이 세상에 속한 것이 아니며, 볼 수 있게 임하는 것이 아니라고 분명히 말씀하신다(눅 17:20-21; 요 18:36).
- 고린도후서 12장에서, 사도 바울은 하늘("낙원", 4절)로 이끌려 올라간 사람에 대해 말한다.
- 요한계시록에서 사도 요한은 기독교인이 갖는 장래의 소망에 대한 예고편을 맨 앞자리에서 보게 된다. 요한은 세상의 마지막 날과 천국을 본다. 우리는 그가 자신이 본 모든 것을 표현할 단어를 찾아내려 눈을 비비며 애쓰는 것을 엿본다.

이 주제가 왜 중요한가

우리는 모두 영혼 깊숙이 말로 표현할 수 없는 열망을 가지고 있다. 즉, 눈에 보이는 이 삶이 전부가 아님을 느끼고 있다. 어떤 사람은 이것을 초월을 위한 고통, 심지어 영원의 향수병이라고 부른다. C. S. 루이스는 그의 책 『순전한 기독교』에 이렇게 기록했다. "이 세상 그 무엇도 만족시킬 수 없는 열망을 나 자신에게서 발견한다면, 이에 대한 유일한 논리적 설명은 나는 다른 세상을 위해 만들어졌다는 것이다."

영적인 삶은 "(우리) 마음의 눈"(엡 1:18)을 밝히는 것이다. 그리할 때 우리는 이 세상이 지나가는 것이며, 우리의 진정한 고향은 천국임을 기억할 수 있을 것이다. 이것은 우리가 영원하지 못한 것에 지나치게 집착하는 함정을 피할 수 있게 한다.

삶은 단체 경기다

성경에서 줄곧 앞자리를 차지하면서 중심이 되는 일곱 번째 핵심 주제는 '공동체의 필요성'이다. 성경의 어느 부분을 읽는지는 문제가 되지 않는다. 하나님의 말씀은 인간이 관계를 위해 지음받았음을 명확히 한다. 우리는 서로 필요하다. 절대 혼자 살도록 지음받지 않았다. 우리에게 팀이 필요한 이유에 대해 성경 몇 군데에서 예를 찾아보자.

- 하나님이 하와를 창조하시기 전 홀로 있는 아담을 보고 말씀하신다. "사람이 혼자 사는 것이 좋지 아니하니"(창 2:18).
- 출애굽기 3-4장에서, 하나님이 히브리 백성을 애굽에서 인도하라고 모세를 부르시자, 모세는 자신의 불안감과 불확신을 고백한다. 하나님은 모세에게 형 아론을 조력자로 주신다.
- 이후에 출애굽기 18장에서, 모세가 2-3백만 명의 재판을 혼자 처리하는 것을 본 장인 이드로는 모세의 기력이 쇠하기 전에 재판 팀을 만들라고 촉구한다.
- 다윗 왕은 권세를 얻었을 때, 선지자 나단과 여러 군사 전문가, 서기관과 제사장 그리고 대신들을 항상 자기 주변에 둔다(삼하 7:1-3; 8:15-18).
- 전도서 4장 9-12절 기록이다. "두 사람이 한 사람보다 나음은 그들이 수고함으로 좋은 상을 얻을 것임이라 혹시 그들이 넘어지면 하나가 그 동무를 붙들어 일으키려니와 홀로 있어 넘어지고 붙들어 일으킬 자가 없는 자에게는 화가 있으리라 또 두 사람이 함께 누우면 따뜻하거니와 한 사람이면 어찌 따뜻하랴 한 사람이면 패하겠거니와 두 사람이면 맞설 수 있나니 세 겹줄은 쉽게 끊어지지 아니하느니라"
- 신약 복음서에서 예수님도 '혼자 가지' 않으시는 모습을 보게 된다. 예수님은 즉시 적은 무리의 제자들을 모으시고 그들과 어디든 함께 다니신다(막 3:13-18).

- 마가복음 2장 1-12절에는 중풍병에 걸린 친구를 예수님께 데려와 고침받게 한 헌신적인 친구들의 이야기가 있다.
- 마태복음 26장 36-46절에서, 예수님은 인생의 가장 어두운 날에 가까운 제자 세 명, 곧 베드로와 야고보와 요한에게 함께 기도하자고 말씀하신다. 그들이 크게 도움이 되지는 않았지만, 하나님의 아들이 보여주신 이런 모습은 우리도 다른 사람과 '삶을 함께하는 것'이 중요함을 보여준다.
- 사도행전에서는 초대교회 신자들이 공동체를 이룬다. 그들은 함께 나누고, 먹고, 배우고, 하나님을 찬미하며 시간을 보낸다(행 2:42-47). 그들은 일주일에 한 번 주일 아침뿐 아니라 매일 그렇게 했다.
- 로마서 12장 3-8절과 고린도전서 12장 12-31절에서, 사도 바울은 예수님이 원하시는 방식의 교회의 기능을 묘사하기 위해 사람 몸의 각 부분에 비유한다. 우리는 독립적인 사고방식이 아니라 상호 의존적인 사고방식으로 살아가야 한다.

신약에 공동체라는 단어가 별로 등장하지 않지만, 그 개념은 복음서와 사도들의 서신서에 스며들어 있다. 신약 기자는 예수님을 따르는 자들에게 어떻게 상대를 대해야 하는지에 대해 많은 계명을 주고(롬 12:10; 고전 1:10; 갈 5:14), 종종 공동체의 중요성을 "하나"와 "같은 마음"(엡 1:10; 4:3; 13; 빌 4:2; 골 3:14) 같은 단어를 사용해 가르친다. 특히 예수님은 우리가 "온전함을 이루어 하나"(요 17:23)가 되게 기도하셨고, 사도 바울은 믿는 자들에게 우리는 "그리스도 예수 안에서 하나"(갈 3:28)라고 상기시켰다.

공동체

다른 어떤 것보다 하나님이 먼저 계셨다(창 1:1-2). 성경의 다른 부분에도 드러나듯이, 하나님은 성부, 성자, 성령의 세 위격으로 영원히 존재하신다(마 3:16-17; 28:19; 요 14:16; 고후 13:14). 하나님의 '삼위'(삼위일체)는 그분의 백성을 위한 공동체의 모델 역할을 한다. 달리 말하면 성부, 성자, 성령은 하나이며 완벽한 관계로 살아가신다(엡 4:4-6). 우리 인간이 하나님의 형상을 따라 지음받았다면(창 1:26-28), 우리는 하나님과 함께 공동체 안에 살도록 지음받은 것이다.

이 주제가 왜 중요한가

건강하고 진실한 공동체를 통해, 우리는 하나님의 성품을 드러내고, 하나님께 영광을 돌리고, 다른 사람을 하나님께로 이끈다(요 17:23). 우리 공동체는 오늘날 이 땅에서 우리에게 유익을 줄 뿐 아니라, 천국에서 하나님과 함께할 미래 공동체를 소망하게 한다.

공동체를 이루어 살며 서로 돌보고 서로 돕는 것을 생각할 때 피해야 할 것은, 연합(unity)을 획일(uniformity)로 생각하는 것이다. 오히려 성경은 연합 안에 다양성을 환영한다. 예를 들면, 각각의 능력과 영적 은사를 공동체의 유익을 위해 사용하는 것이다(롬 12:4-6; 고전 12:4-11; 엡 4:11-13). 우리는 한 몸이나 각자의 목적과 기능이 있다. 다른 사람을 모방하려고 애쓰면 안 된다. 그 대신 하나님이 우리를 만드신 대로 서로 섬기는 데서 만족과 기쁨을 찾아야 한다(고전 12:12, 15-30).

모든 것이 잘 될 것이다

성경에 스며 있는 마지막 주요 주제는 '부활의 약속'이다. 성경은 반복해서 하나님이 우리의 망가지고 깨진 세상을 고치실 거라고 말한다. 모든 것을 고려해 볼 때 죄는 근절될 것이다. 분쟁과 고통은 중단될 것이다. 더는 죽음도 없을 것이다. 마침내 삶은 하나님이 계획하신 대로 될 것이다. 영원히!

● 구약에서 하나님은 아브라함과 모세와 다윗에게 약속(맹세 혹은 언약이라 부른다)하셨다. 하나님은 이 택하신 사람들을 축복하셨고, 그들이 민족을 축복하기를 원하셨다. 이 타락한 세상에서, 하나님의 통치 아래 살 때 삶이 얼마나 영광스러울 수 있는지 지켜보는 세상을 향해, 이스라엘은 본보기 역할을 하게 되어 있었다. 약속의 땅은 희미하지만 직접 눈으로 볼 수 있는 천국을 보여주는 곳이었다. 그곳은 '젖과 꿀이 흐른다'고 보고된 '좋은 땅'이었다(레 20:24; 신 1:25). 가장 중요한 것은, 그곳은 하나님이 주신 선물이었다. 불행하게도 구약의 이스라엘 백성은 하나님을 신뢰하고 복종하는 것을 힘겨워했다. 그 결과 그들은 엄청난 슬픔을 겪었다. 한동안 그 땅에서 쫓겨나게 된 것이다. 그러나 그조차도 백성을 향한 하나님의 선한 의도는 바꿀 수 없었다.

● 선지자들은 끊임없이 미래를 가리켰다. 압제 정권 아래서 고통받는(보통 그들의 불복종 때문이었다) 동족에게 편지를 쓰면서, 이사야 같은 사람은 여호와께서 악을 궁극적으로 심판하시고 영광 가운데 통치하시는 날을 보았다(사 24:21-22; 34장; 46-47장; 60-66장). 이사야는 그날에 하나님이 "사망을 영원히 멸하실 것이라 … 모든 얼굴에서 눈물을 씻기시며"(사 25:8)라고 기록한다. 그날에 사람들은 이렇게 외칠 것이다. "이는 우리의 하나님이시라 우리가 그를 기다렸으니 그가 우리를 구원하시리로다 이는 여호와시라 우리가 그를 기다렸으니 우리는 그의 구원을 기뻐하며 즐거워하리라 할 것이며"(사 25:9).

● 신약에서 하나님은 모든 사람(구약의 이스라엘 백성만이 아니라)에게 미래의 평화와 영생을 약속하신다. 예수님은 영생에 대해 반복적으로 말씀하신다(막 10:30; 요 4:14; 5:24; 6:47; 10:28; 17:2-3). 그분은 자신을 "부활이요 생명"이라 부르시고, 그분을 믿는 모든 사람에게 이 삶이 끝난 후에 오는 삶

을 약속하신다(요 11:25-26). 예수님은 죽으시기 바로 직전에 제자들에게 그들을 위해 처소를 예비하러 "아버지 집"에 간다 말씀하시고 "내가 다시 와서 너희를 내게로 영접하여 나 있는 곳에 너희도 있게 하리라"고 약속하신다(요 14:1-4).

● 첫 부활절 아침에 예수 그리스도가 무덤에서 걸어 나오셨을 때, 그분은 다가올 사건의 예고편 역할을 하셨다("첫 열매", 고전 15:20). 예수님의 부활은 그리스도 안에 있는 모든 사람이 영원히 살 것이라는 진리를 외친다. 더 나아가 사도 요한이 "새 하늘과 새 땅"(계 21:1)이라고 부른 곳에서 우리는 영원히 살게 될 것이다.

이 주제가 왜 중요한가

하나님의 거룩함은, 죄와 죄로 인해 생겨나는 악한 결과를 하나님이 완벽하고 철저히 해결하실 것을 의미한다. (예수님 안에서 드러난) 하나님의 은혜와 자비는 죄인들이 용서받을 수 있음을 의미한다. 또 하나님의 선하심은 우리의 미래가 두려움이 아닌 기쁨과 평화의 미래가 될 것을 의미한다. 하나님은 능력 있고 전능하시므로 모든 것을 회복하실 것이다. 예수님의 부활은 우리의 확실한 소망이다. 부활하신 예수님은 그분을 믿는 모든 사람에게 영생을 주신다. 성경의 모든 위대한 주제는 이 한 가지, 즉 확실하고 분명한 미래가 있음을 가리킨다. 예수님은 만물을 새롭게 하신다(계 21:5).

성경의 시작 부분에서 죄로 야기된 파괴를 볼 수 있다. 성경 마지막 부분에서는 그리스도 안에서 하나님이 모든 것을 회복하심을 본다. 하나님의 구원이 얼마나 아름다운 대조를 이루고 얼마나 완벽한지 주목해 보라.

창세기 1-3장	요한계시록 20-22장
"태초에 하나님이 천지를 창조하시니라"(1:1)	"새 하늘과 새 땅"이 있다(21:1).
"하나님이 두 개의 큰 광명체를 만드사"(1:16)	"그 성은 해나 달의 비침이 쓸 데 없으니 이는 하나님의 영광이 비치고 어린 양(예수 그리스도)이 그 등불이 되심이라"(21:23)
"[선악을 알게 하는 나무의 열매는] 먹지 말라 네가 먹는 날에는 반드시 죽으리라"(2:17)	"다시는 사망이 없고"(21:4)
마귀가 나타나 속인다(3:1).	마귀가 영원히 사라진다(20:10).
죄가 본래 낙원인 에덴으로 들어온다(3:6-7).	깨끗하지 않은 것은 그리로 들어가지 못한다(21:27).
얼굴과 얼굴을 마주하던 인간과 하나님의 관계가 깨어진다(3:8-10).	"하나님의 장막이 사람들과 함께 있으매 하나님이 그들과 함께 계시리니"(21:3)
마귀는 일시적인 승리를 거둔다(3:13).	그 어린 양 그리스도가 영원히 승리하며 다스린다(22:3).
"내가 네게 임신하는 고통을 크게 더하리니"(3:16)	"다시는 사망이 없고 애통하는 것이나 곡하는 것이나 아픈 것이 다시 있지 아니하리니 처음 것들이 다 지나갔음이러라"(21:4)
땅이 저주받는다(3:17).	"다시 저주가 없으며"(22:3)
아담과 하와의 죄로 땅에 대한 인간의 지배권이 위태로워진다(3:19).	하나님을 믿는 사람들이 "세세토록 왕 노릇 하리로다"(22:5)
"여호와 하나님이 에덴동산에서 그를 내보내어 … 그 사람을 쫓아내시고"(3:23-24)	"낮에 [천국의 도시의] 성문들을 도무지 닫지 아니하리니 거기에는 밤이 없음이라"(21:25)
생명나무는 케루빔이라 불리는 천사들이 지키게 된다(3:24).	생명나무는 하나님의 백성이 접근할 수 있게 된다(22:2, 14).
인간이 하나님 앞에서 쫓겨난다(3:23-24).	"그의 얼굴을 볼 터이요"(22:4)

잠깐 성경의 여덟 가지 중심 주제를 깊이 생각해 보라.

1	하나님은 존재하신다. (하나님의 실재)
2	하나님은 경이로우시다. (하나님의 영광)
3	사람들은 망가졌다. (인간의 죄성)
4	하나님이 그리스도 안에서 우리를 구원하신다. (구원의 경이로움)
5	우리는 믿음으로 산다. (믿음으로의 부르심)
6	이 세상이 전부가 아니다. (천국의 실재)
7	삶은 단체경기다. (공동체의 필요성)
8	모든 것이 잘 될 것이다. (부활의 약속)

예수님을 따를 때 이 위대한 여덟 가지 주제가 당신의 삶을 떠받치고 스며들어 생기를 불어넣게 하도록 기도하라.

후기
그다음은 어떻게 하면 될까

—

성경을 알면 사람들에게 깊은 인상을 줄 수 있고, 신학 논쟁에서 이길 수도 있으며, 퀴즈게임에서 우위를 차지할 수도 있다. 그러나 하나님은 이런 이유로 성경을 우리에게 주신 것은 분명 아닐 것이다. 모든 성경 독자에게 지식은 궁극적인 목표가 아니다.

바라기는 모든 독자가 성경을 알아가면서 하나님도 알아가기를 바란다. 성경을 한줄 한줄 읽고 성경 이야기와 주제에 친숙해지면서 성경을 만드신 분, 당신을 만드신 분과 더욱 연결되기를 소망한다.

계속해서 성경을 알아가고, 계속해서 하나님 말씀 탐험하기를 적극 추천한다. 성경의 각기 다른 부분을 읽을 때 다음의 세 가지를 질문해 보기 바란다.

- 이 구절이 하나님에 대해 무엇을 가르쳐주는가?
- 하나님이 나를 어떻게 생각하시는지에 대해 이 구절은 무엇을 가르쳐주는가?
- 다른 사람을 사랑하는 것에 대해 이 구절은 무엇을 가르쳐주는가?

우리는 평생 성경을 통해 배워야 한다. 하나님 말씀을 더 많이 읽고 더 많이 묵상할수록 더 잘 깨닫고 삶에 적용할 수 있다. 야고보 사도는 하나님의 말씀을 아는 지식 가운데서 계속 자라가라며 다음과 같이 격려한다.

"너희는 말씀을 행하는 자가 되고 듣기만 하여 자신을 속이는 자가 되지 말라 누구든지 말씀을 듣고 행하지 아니하면 그는 거울로 자기의 생긴 얼굴을 보는 사람과 같아서 제 자신을 보고 가서 그 모습이 어떠했는지를 곧 잊어버리거니와 자유롭게 하는 온전한 율법을 들여다보고 있는 자는 듣고 잊어버리는 자가 아니요 실천하는 자니 이 사람은 그 행하는 일에 복을 받으리라" _ 약 1:22-25

더 읽어볼 만한 책

—

- *How to Read the Bible for All Its Worth 3rd Ed.* by Gordon D. Fee and Douglas Stuart(Zondervan, 2003). 『성경을 어떻게 읽을 것인가』, 오광만, 박대영 역(서울: 한국성서유니온선교회, 2009). 성경의 각기 다른 장르와 부분을 어떻게 읽고 해석할 것인지에 대한 실질적인 안내서.

- *Rose Book of Bible Charts, Maps and Time Lines 2nd Ed.* (Rose Publishing, 2014). 『차트와 지도로 보는 성경』, 조미나 역(서울: DCTY, 2009). 몇 번이고 반복해서 보게 될 명확하고 간결한 참고서.

- *The Unfolding Mystery: Discovering Christ in the Old Testament 2nd Ed.* by Edmund Clowney (P&R Publishing, 2013). 『구약에 나타난 그리스도』, (서울: 네비게이토 출판사, 1991). 예표론에 대한 심도 있는 연구를 위한 책.

"행위가 온전하여 여호와의 율법을 따라 행하는 자들은 복이 있음이여
여호와의 증거들을 지키고 전심으로 여호와를 구하는 자는 복이 있도다"

_ 시 119:1-2

나 혼자 떠나는 성경여행

초판 1쇄 발행 2022년 7월 4일

지은이   크리스토퍼 D. 허드슨
옮긴이   이선숙

펴낸이   곽성종
기획편집   방재경
디자인   투에스북디자인

펴낸곳   (주)아가페출판사
등록   제21-754호(1995. 4. 12)
주소   (06698) 서울시 서초구 효령로8길 5 (방배동)
전화   584-4835(본사) 522-5148(편집부)
팩스   586-3078(본사) 586-3088(편집부)
홈페이지   www.agape25.com
판권   ⓒ(주)아가페출판사 2022
ISBN   978-89-537-9660-7 (03230)

아가페 출판사